Friedhelm Hengsbach

Das Reformspektakel

HERDER spektrum

Band 5544

Das Buch

Ein Buch, das in die Zeit passt: das die Resignation, die Ohnmacht und die Gleichgültigkeit der Menschen angesichts der aussichtslos scheinenden Wirtschaftslage ernst nimmt. Ökonomie ist wichtig, aber sie ist nicht alles. Hengsbach hinterfragt aus dem Wissen um größere Zusammenhänge die Mechanismen der Wirtschaft, die als unangreifbar gelten. Marktregeln sind von Menschen gemacht und nach gesellschaftlichen Maßstäben zu beurteilen.
Die Agenda-Beschlüsse, die ausschließlich den Arbeitsmarkt und die solidarischen Sicherungssysteme treffen, nennt Hengsbach bedrohlich für den sozialen Zusammenhalt. Wenn das Geld knapp wird und nicht mehr großzügig ausgegeben werden kann, stellt sich die Frage nach den Kriterien der Verteilung. Hengsbach spricht für diejenigen, die spüren, dass Sparen, Kürzen und Streichen bei den Arbeitslosen und Kranken nicht automatisch die Staatskasse füllt und Arbeitsplätze schafft. Dass es auch um die Verantwortung derjenigen geht, die in der Wirtschaft das Sagen haben. Die Angewohnheit, Risiken zu sozialisieren und Gewinne zu individualisieren, führt eine Gesellschaft ins Abseits. Hengsbach erkundigt sich, welche Veränderungen in den Herzen und Köpfen der Menschen vorgehen – und wie der Mensch aussieht, der sich auf dem Markt behauptet und moralisch verantwortlich handelt. Die Spurensuche führt ins Dickicht der Finanzmärkte. Aber sie deckt auch ungeahnte Chancen auf den Gütermärkten auf, die eine höhere Lebensqualität und zusätzliche Arbeit versprechen.

Der Autor

Friedhelm Hengsbach SJ., geb. 1937, lehrt als Professor Wirtschafts- und Gesellschaftsethik an der Philosophisch-Theologischen Hochschule St. Georgen in Frankfurt und ist Leiter des Oswald von Nell-Breuning-Instituts. Er ist ein führender Vertreter der christlichen Soziallehre. 1998 erhielt er wegen seines sozialen Engagements den Gustav-Heinemann-Preis.

Friedhelm Hengsbach

Das Reformspektakel

Warum der menschliche Faktor mehr Respekt verdient

HERDER

FREIBURG · BASEL · WIEN

Gedruckt auf umweltfreundlichem, chlorfrei gebleichtem Papier

Originalausgabe

www.herder.de
Satz: Barbara Herrmann, Freiburg
Druck und Bindung: fgb · freiburger graphische betriebe 2004
www.fgb.de
Umschlaggestaltung und Konzeption:
R.M·E München / Roland Eschlbeck, Liana Tuchel
Umschlagfoto: © Mauritius
Autorenfoto: © KNA-Bild
ISBN 3-451-05544-9

Inhalt

1. Die missratene Agenda 7
Das Verfahren 7
Das Menschenbild 9
Das Ergebnis 12
Die Verlierer 16
Der Misserfolg 18

2. Der dreißigjährige Feldzug gegen den Sozialstaat 21
Von der plausiblen Theorie zur Weltanschauung 23
Die Vormachtstellung der Vereinigten Staaten 28
Der Mikroblick 33
Die Sammlung des bürgerlichen Lagers 35
Einseitige Schuldzuweisungen 39

3. Trenderklärungen 43
Große Erzählungen 43
Demographische Entwicklung 45
Globalisierung 50

4. Religion des Geldes 59
Börsenfieber 59
Rätsel Geld 62
Ökonomische Ernüchterung 66
Börsen und Finanzmärkte 69
Real existierende Finanzmärkte 71
Politische Lenkung 72

5. Arbeitsgesellschaften im Umbruch ... 77
Ökonomische Prozesse ... 79
Gesellschaftliche Lebensweisen – der menschliche Faktor ... 90
Politische Optionen ... 96

6. Gerechtigkeit ... 108
Parteien-Gerechtigkeit ... 108
Spuren der Gerechtigkeit ... 112
Verteilungsgerechtigkeit ... 113
Vorrang der Gleichheit ... 120

7. Soziale Sicherung in modernen Gesellschaften ... 125
Risikogesellschaft ... 127
Sozialer Frieden ... 133
Erweiterte Solidarität ... 137
Solidarischer Wettbewerb ... 142

8. Unternehmen in der Zivilgesellschaft ... 151
Zivilgesellschaftliches Engagement ... 152
Erwartungsbegriff Zivilgesellschaft ... 154
Zivile Unternehmen ... 159

9. Wir das Volk ... 170
Vorbehalte gegen eine zivile Bewegung ... 173
Gründe einer zivilen Bewegung ... 176
Die Macht einer zivilen Bewegung ... 179

1. Die missratene Agenda

Am 14. März 2003 hat Bundeskanzler Schröder im Deutschen Bundestag die mit Spannung erwartete „Aufbruch-Rede" zur Agenda 2010 gehalten. Die politische Öffentlichkeit im Lande war aufgerüttelt. „Deutschland bewegt sich, ist reformfähig und reformbereit. Es hat die rote Laterne im europäischen Geleitzug endlich abgegeben", so eine Medienstimme aus dem Ausland, wo man tief beeindruckt schien. Im März 2004 verbreitet der Bundeskanzler die gute Nachricht, dass die Agenda bereits Erfolge zeige. Die Deutschen seien fähig und willens, hart zu arbeiten und Opfer zu bringen. Die Stagnation der vergangenen Jahre sei überwunden, die Investitionstätigkeit ziehe an, die Auftragseingänge und die Produktion wiesen nach oben. Aber die Resonanz in der Bevölkerung bleibt zwiespältig. Sozialdemokratische Wähler sind empört, Vertreter der Wirtschaft äußern sich zufrieden, die meisten Bürger sind ernüchtert. Die allgemein depressive Stimmung ist nicht verflogen, sondern hat sich verfestigt.

Was ist schief gelaufen?

Das Verfahren

„Reform" bedeutet immer auch Veränderung. Aber sollten sich die Verhältnisse nur verändern und nicht auch verbessern? Soll die bloße Veränderung bereits das Etikett einer Reform erhalten, noch bevor diese sich als eine Verbesserung der Lebensverhältnisse herausgestellt hat? Falls sich die Lebenslage benachteiligter Bevölkerungsteile verschlechtert, werden diese die Behauptung von sich weisen, es handle sich um eine Reform. Hat sich aber ihre Lebenslage spürbar verbessert? War die Agenda 2010 für sie vorteilhaft? Hat sie ihnen genutzt? In ihren Augen war die Agenda keine Reform.

Die Agenda war ein Reformspektakel. Die dreistufige Steuerreform sollte das größte Reformvorhaben des Jahrhunderts werden. Die Eckpunkte der Konsensverhandlungen zur Modernisierung des Gesundheitswesens erklärte Horst Seehofer zum größten Reformwerk in der jüngeren Sozialgeschichte. Die so genannten Hartz-Gesetze, insbesondere die Reform der Bundesanstalt für Arbeit und die Zusammenlegung der Arbeitslosenhilfe und der Sozialhilfe stilisierte der Bundeskanzler als die „wichtigste, fundamentalste und komplexeste Sozialreform in der Geschichte der Bundesrepublik". Nach kurzer Zeit jedoch landeten diese politischen Zauberwerke als hektische sozialpolitische Reparaturarbeit auf einem privat-öffentlichen Verschiebebahnhof, wo die Finanzierungslücken der Bundes-, Länder- und Gemeindehaushalte jeweils der nächsten, schwächeren Ebene zugeschoben wurden.

Auffallend war zunächst die Zerlegung der Krisendiagnose in getrennte Bestandteile der Alterssicherung, des Arbeitsmarkts und der Gesundheitsvorsorge. Diese wurden dann unterschiedlichen Kommissionen zugewiesen. Probleme, die verknüpft waren, wurden von den unterschiedlichen beratenden Kommissionen getrennt behandelt. Unter der Regierung Kohl war dieser Stil einer „Räterepublik" bereits eingeführt worden. Während der rot-grünen Koalition weitete er sich aus. So berief die Bundesregierung beispielsweise Kommissionen zur Reform des Arbeitsmarkts (Hartz), zur nachhaltigen Reform der sozialen Sicherungssysteme (Rürup) und zur Reform der Gemeindefinanzen. Sie richtete den nationalen Ethikrat zur Bio- und Gentechnik ein und ließ von Experten parteiübergreifende Eckpunkte zur Gesundheitsreform ausarbeiten. Solche Kommissionen gehören zur medienwirksamen Inszenierung eines vorweg entschiedenen politischen

Willens, den die Exekutive am Parlament vorbei in Kraft setzt.

Die Agenda war in erster Linie eine Tat des Kanzlers. Sie war vom Hauptstrom der Medien vorbereitet. Diese hatten nämlich die Länderkompetenz, die Gewaltenteilung sowie die starke Position der Wirtschafts- und Sozialverbände dafür verantwortlich gemacht, dass Deutschland unregierbar sei. Nur eine starke Exekutive könne den schwerfälligen Zustand des Landes aufheben, hieß es.

Ein auffälliges Kennzeichen der Agenda 2010 waren das Tempo der gesetzgebenden Beratung sowie der Druck, den das Kanzleramt auf die Fraktionen der parlamentarischen Mehrheit und die Regierungsparteien ausübte. Die Opposition passte sich dem Sog an und konkurrierte mit den Regierungsparteien um tiefere soziale Einschnitte, schärfere Zumutbarkeiten und abgesenkten Kündigungsschutz. Erschöpft vom Überbietungswettbewerb überformten schließlich Parteivorsitzende, Ministerpräsidenten und ein Fraktionsvorsitzender den Kompromiss zwischen Bundestag und Bundesrat. Das Ringen im Vermittlungsausschuss habe weder Gewinner noch Verlierer hinterlassen, erklärten die Beteiligten. Das Land habe gewonnen. Doch wer ist das Land? Die politischen Entscheidungsträger hatten sich zu einer informellen großen Koalition verbündet. Sie entriss Arbeitslosen, Armen, Kranken und Rentnern spürbar einen Teil des gesellschaftlichen Reichtums, ohne selbst jemals mit den erheblichen Risiken derer konfrontiert zu sein, in deren Lebenslage sie massiv eingegriffen haben.

Das Menschenbild

Der Mensch, den die Agenda 2010 im Blick hat, gleicht einem Zerrbild real existierender Menschen. Es sind nationale und europäische Athleten. Die Deutschen sollen sich als Teilnehmer eines globalen Wettkampfs empfinden, der sie antreibt, wieder an die Spitze der wirtschaftlichen und sozialen Entwicklung in Europa zu kommen. Und Europa selbst soll eine Spitzenposition in der Welt erringen und behaupten.

Die Adressaten der Agenda sollen sich wie souveräne Wirtschaftssubjekte verhalten. Sie sind also in der Lage, sich den Spiel- und insbesondere Wettbewerbsregeln des Marktes zu unterwerfen, ihr Leistungsvermögen nüchtern zu beurteilen, die Marktrisiken realistisch abzuschätzen, Leistungen anzubieten und angemessene Gegenleistungen dafür zu erhalten. Sie können erwarten, dass sie durch die Überlassung ihrer Arbeitskraft ein Arbeitseinkommen erzielen, das zusammen mit dem zusätzlichen Einkommen einer Lebens- oder Ehepartnerin die gemeinsamen Ansprüche der Haushaltsmitglieder an Nahrung, Kleidung, Wohnung sowie die Erwartungen eines durchschnittlichen Lebensstandards befriedigt. Falls sie genötigt sind, Sozialleistungen in Anspruch zu nehmen, sind sie bereit, dem aktivierenden Sozialstaat quasi auf gleicher Augenhöhe zu begegnen und mit ihm ein Bündel gleichwertiger Leistungen und Gegenleistungen – nach dem Grundsatz: Keine Hilfe ohne Gegenleistung – auszuhandeln. Dass sie ungleiche Verträge abschließen, stört sie nicht.

Die Agenda-Menschen sind ursprünglich leistungsfähig und leistungsbereit. Sie verfügen über Kompetenzen, die durch ökonomische Anreize und öffentlichen Druck mobilisiert werden können. Sollten diese verstärkt werden, stellen sich die meisten dem gesellschaftlich organisierten Arbeitsmarkt zur Verfügung, falls sich die Arbeit lohnt und das Arbeitsentgelt ihnen vorwiegend privat verfügbar bleibt. Die derzeit geltenden Steuern und Abgaben empfinden sie als unzulässige Eingriffe des Staates in die individuellen Eigentumsrechte.

Die Agenda rechnet mit gesellschaftlich entkoppelten Menschen. Deren Individualisierung wird als Chance gedeutet. Dass ihr eine Individualisierung gesellschaftlicher Risiken korrespondiert, wird verschwiegen. Die Individuen gelten als hochgradig flexibel und mobil. Sie verknüpfen ihre Biographien und Rollen zu einem variablen Identitätsbündel. Die Agenda nutzt die individuellen Bedürfnisse betrieblicher, beruflicher und zeitlicher Flexibilität sowie räumlicher Mobilität, um verkrustete Regeln des Arbeitsmarkts zugunsten der Freiheit des Individuums zu verändern. Sie unterscheidet nicht zwischen authentischen Flexibilitäts- und Mobilitätsbedürfnissen souveräner Individuen und der erzwungenen Flexibilität und Mobilität abhängig Beschäftigter. Den flexiblen und mobilen Agenda-Menschen, denen eine Erwerbsgelegenheit angeboten wird, ist zuzumuten, dass sie die Rücksichtnahme auf familiäre, partnerschaftliche oder regionale Bindungen sowie alle Emotionen abstreifen, die ihre Karriere behindern.

Die Agenda-Menschen sind selbstorganisiert. Sie reagieren schnell und treffsicher auf situative Veränderungen, erkennen ihren Vorteil und ergreifen ihn. Ihnen werden die Fähigkeit und die Neigung zur Risikoübernahme zugeschrieben. Sie sind bereit, die abgesenkten solidarischen Leistungen durch private Vorsorgeleistungen zu ergänzen und das Gewicht von solidarischer und privater Vorsorge zugunsten von Eigenleistungen zu verschieben. Der wohlhabende und vermögende Teil der Bevölkerung akzeptiert solche Zumutungen. Auch die Akzeptanz, mit der Patienten die erhöhten Zuzahlungen geleistet haben und mit der Versicherung ertragen haben, dass notwendige Therapien dem Leistungskatalog der gesetzlichen Versicherung ausgegrenzt wurden, bestätigt die Vermutung, dass Teile der Bevölkerung fähig und geneigt sind, gesellschaftliche Risiken zu individualisieren, die Risikoabsicherung zu privatisieren und auf die solidarische Absicherung individuell nicht zurechenbarer Risiken zu verzichten. Aber längst nicht alle, deren Neigung zur privaten Risikoübernahme unterstellt wird, sind dazu in der Lage.

Eine Gruppe der Bevölkerung weicht jedenfalls von diesen Unterstellungen ab: diejenigen, die von den Erfolgreichen schon mal als Trittbrettfahrer und Schmarotzer unter den Arbeitslosen und Empfängern von Sozialhilfe abgestempelt werden, die sich angeblich in der sozialen Hängematte ausruhen und sich weigern, eine zumutbare Arbeit anzunehmen. Über die Zahl derer, die vermeintlich die Solidargemeinschaft zum eigenen Vorteil erpressen, herrschen abenteuerliche Vorstellungen. Inzwischen ist die Bevölkerung mehrheitlich davon überzeugt, dass Arbeitslosigkeit und Sozialhilfebezug auf persönliches Versagen und nicht auf politische Fehlleistungen zurück geht.

Das Ergebnis

Die dreistufige Steuerreform hat formal die Einkommen aller steuerfähigen Haushalte und Unternehmen erheblich entlastet. Wie stark die reale Nettoentlastung der Haushalte und Unternehmen ausfällt, wird sich erst nach der Gegenrechnung mit neuen Belastungen etwa der Kilometerpauschale, der Erhöhung von Verbrauchsteuern und kommunalen Gebühren, der Nötigung zur privaten Altersvorsorge, der Zuzahlungen zu den Medikamenten, der Praxisgebühren, der Kürzungen des Rentenniveaus und der Absenkung des Arbeitslosengelds herausstellen. Die Besteuerung der Einkommen nach der Leistungsfähigkeit im Bereich des gehobenen Wohlstands und des exklusiven Reichtums ist praktisch aufgegeben worden, während die Forderung nach einer angemessenen Besteuerung zumindest des Privatvermögens einem Tabu zu unterliegen scheint. Die steuerpolitische Umverteilung erfolgt auch nach der angeblichen Jahrhundertreform nicht von den Reichen zu denen, die im prekären Wohlstand leben, sondern weiterhin innerhalb der Klasse der abhängig Beschäftigten.

Die Rentenbeschlüsse der Agenda 2010 schließen nahtlos an die Eingriffe in das gesetzliche Rentensystem während der vorigen Legislaturperiode an. Was unter Bundeskanzler Kohl als sozialer Kahlschlag gebrandmarkt wurde, gilt inzwischen als Reformprojekt. Die modifizierte Nettolohnanpassung der Renten hatte bezweckt, dass die Rentenanpassungen niedriger ausfallen und das Rentenniveau 2030 unter Ausschaltung statistischer Tricks 63 bis 64 Prozent des durchschnittlichen Netto-Arbeitsentgelts eines Erwerbstätigen erreicht, der 45 Jahre ununterbrochen gearbeitet hat. Mit den Leistungskürzungen der gesetzlichen Rentenversicherung war die Aufforderung verbunden, die Versorgungslücken durch eine private Vorsorge auszugleichen. Den Erwerbstätigen in unbefristeten Arbeitsverhältnissen mit einem die Existenz sichernden Einkommen erwachsen wohl keine großen Probleme. Wohlhabende Haushalte werden sie leicht bewältigen. Aber diejenigen, deren Sparfähigkeit begrenzt ist, geraten unter Druck. Obwohl die freiwillige Altersvorsorge durch staatliche Zuschüsse gefördert wird, ist sie bisher gescheitert. Dies beweist weniger den mangelnden Willen der Haushalte mit niedrigem Einkommen als viel mehr deren mangelnde Möglichkeiten zu sparen. Dass geschlechtsbedingte Risiken der individuellen Absicherung zugewiesen werden, widerspricht dem Gleichstellungsgebot. Inzwischen sind die Versicherungen wohl bereit, für den privaten Anteil der Riester-Rente Unisex-Tarife anzubieten. Die hohe Erwartung, die sich auf die zweite Säule der Altersvorsorge, die Betriebsrenten bzw. die Tarifrenten richtet, gilt eher für privilegiert Erwerbstätige und ist auch von den Entwicklungen auf den internationalen Finanzmärkten abhängig. Zur Stabilisierung des Rentensystems wurde im Kontext der Agenda ein im Bundesrat nicht zustimmungspflichtiges Notprogramm beschlossen: Die Beitragsbemessungsgrenze wird angehoben, die Rentenanpassung um ein Jahr ausgesetzt. Neurentner erhalten die Rente am Monatsende ausgezahlt. Der Beitrag der Rentner zur Pflegeversicherung verdoppelt sich. Die Schwankungsreserve der Rentenversicherung schrumpft auf einen Monat.

Ein Nachhaltigkeitsfaktor berücksichtigt das jeweils geänderte Verhältnis von Beitragszahlenden und Rentnern. Er reagiert bloß auf die verfestigte Massenarbeitslosigkeit und setzt keine Impulse diese abzubauen.

Das Versprechen der Hartz-Kommission, die Zahl der Arbeitslosen in drei Jahren zu halbieren, nachdem zwei Bundeskanzler mit einer ähnlichen Zusage gescheitert sind, war Bestandteil des Bundestagswahlkampfs 2002. Inzwischen liegen die vier „Gesetze für moderne Dienstleistungen am Arbeitsmarkt" vor. Ob die Leiharbeitsagenturen erfolgreich waren, nachdem sie bisher bloß ein Zehntel der Arbeitslosen, mit denen sie gerechnet hatten, aufnehmen und bloß ein Hundertstel vermitteln konnten (Hartz I), darf bezweifelt werden.

Eine vergleichbare Skepsis ist gegenüber der errechneten Zahl von mehr als 7 Mio. Mini-Jobs angebracht. Wahrscheinlich schmilzt sie auf zusätzlich 100 000 echte, nicht umgewandelte geringfügige Beschäftigungsverhältnisse zusammen. Die Statistik der Ich-AGs belegt einzig die Höhe der mitgenommenen Fördergelder, für die lediglich eine fantasiereiche Geschäftsidee ohne einen überprüfbaren Geschäftsplan verlangt wurde (Hartz II). Dass die Bundesagentur für Arbeit nach dem rigorosen Umbau einen zusätzlichen Personalbedarf von bis zu 30 000 Fachkräften und zusätzliche Finanzmittel beanspruchen wird, um die ihr zugewiesene Aufgabe eines erfolgreichen Forderns und Förderns zu erfüllen, ist jetzt schon absehbar. Unter dem Vorwand, Bürokratie abzubauen, wird zusätzliche Bürokratie installiert (Hartz III). Die organisatorische Zusammenlegung von Arbeitslosenhilfe und Sozialhilfe ist zu begrüßen. Aber sie ist ein sozialpolitisches Desaster geworden, seitdem sie verbunden wurde mit bisher beispiellosen Einschnitten in die Lebenslage von Arbeitssuchenden, nämlich einer heftigen Kürzung der Höhe und Bezugsdauer des Arbeitslosengelds sowie einer drastischen Verschärfung der Regeln für Langzeitarbeitslose, jede zumutbare Arbeit aufzunehmen. Die Regierung versichert zu

Recht, dass ein abrupter Absturz für niemanden zu fürchten sei. Aber die Wahrscheinlichkeit, dass durch den angekündigten Druck und die diktierte Gängelung die Einkommensarmut, Wohnungsarmut, Familienarmut und vor allem Kinderarmut deutlich ansteigen, ist sehr hoch. Dazu kommt, dass die Bundesagentur weder technisch noch personell in der Lage ist, die Qualität der Vermittlung von Langzeitarbeitslosen kurzfristig zu verbessern und deren Einstieg in den regulären Arbeitsmarkt zu fördern. Sie produziert eine bisher unbekannte Fragebogen- und Datenschwemme mit vagen Drohungen, die für manche Betroffene teilweise verletzend und entwürdigend klingen. Der pünktliche Start einer funktionsfähigen Kooperation der regionalen Agenturen mit den Kommunen gleicht einem vergeblichen Wettrennen gegen die Zeit. Nicht ausgeräumte Rechtszweifel Betroffener werden die Sozialgerichte mit Klagen beschäftigen. Die unter dem Druck massiver Proteste zugestandenen finanz- und arbeitsmarktpolitischen Nachbesserungen haben zwei fragwürdige Effekte: Sie reißen zusätzliche Haushaltslöcher auf und öffnen mit den Ein-Euro-Jobs bloß eine Drehtür, die vom regulären in einen neuen öffentlich geförderten Arbeitsmarkt weist. Dass zu Beginn des Jahres 2005 die Zahl der Arbeitslosen real ansteigt, gilt als sicher (Hartz IV).

In der Absicht, das System zu modernisieren, wird in der Agenda ein ehrgeiziger Umbau der Steuerung und der Schaltstellen des Gesundheitswesens angekündigt. Die Wahlfreiheit der Patienten wird erweitert. Bonusprogramme sollen zu einem gesundheitsbewussten Verhalten anregen. Die Ärzte sollen nach festen Regelsätzen entgolten, die Verordnungspraxis überprüft und fein gesteuert werden. Medizinische Versorgungszentren können entstehen. Ein Bundesinstitut wird medizinische Standards aufarbeiten und strukturierte Behandlungsprogramme empfehlen. Um die Standortqualität der deutschen Wirtschaft zu verbessern und die Beitragsbelastung der Arbeitgeber und Arbeitnehmer zu senken, werden Versicherte und

Patienten zusätzlich belastet. Einzelne Gesundheitsleistungen, etwa das Krankengeld und der Zahnersatz, werden ziemlich willkürlich ausgegrenzt. Die Kranken selbst werden zur Kasse gebeten, um einen höheren Anteil an den Kosten ihres Krankseins zu zahlen. Sie zahlen die Praxisgebühren sowie Arzneimittel, die nicht verschreibungspflichtig sind. Sie beteiligen sich an den Kosten der verschreibungspflichtigen Arzneimittel sowie der Heil- und Hilfsmittel. Den Arbeitnehmern greift man in die Lohntüte – und zwar an den Tarifpartnern vorbei. Während Versicherte, Kranke und die unteren Einkommensgruppen einseitig belastet werden, bleiben die Leistungsanbieter, nämlich Ärzte, Apotheker und vor allem die Pharmakonzerne relativ unbehelligt.

Die Verlierer

Die Agenda hat eindeutige Verlierer hervor gebracht: zunächst diejenigen, denen der Kündigungsschutz geschmälert wird und die durch Arbeitsangebote, die bisher als unzumutbar galten, von gesicherten Arbeitsplätzen zu riskanten Arbeitsverhältnissen, etwa Mini-Jobs und Ich-AGs gedrängt werden, die arm machen. Noch schwerer wiegt die Entwertung des vorhandenen Arbeitsvermögens. Sie demotiviert, verunsichert und weitet sich zu einer depressiven Zukunftserwartung aus. Die Einschnitte in die Lebenslage der Arbeitslosen mit den negativen Auswirkungen auf das individuelle und kollektive Arbeitsrecht belasten die Opfer der Krise zusätzlich sozial und psychologisch, da sie als erwerbsfähige Arbeitsverweigerer gelten.

Die Rentnerinnen und Rentner sind zu einem Einkommensverzicht genötigt worden, ohne dass dies bei den Beitragszahlenden zu einer höheren Konsumneigung geführt hätte oder mehr Wirtschaftswachstum ausgelöst hätte. Künstlich ist ein Konflikt zwischen Alten und Jungen konstruiert worden.

Der Konflikt um die Verteilung eines wachsenden Volkseinkommens innerhalb derselben Generation – zwischen denen, die Beiträge entrichten, die Steuern zahlen, und die Rentenzahlungen empfangen – unabhängig davon, ob sie alt oder jung sind, wird darüber vergessen. Die politische Offensive gegen die Rentner unterstellte eine Umschichtung des gesellschaftlichen Reichtums zu Lasten der Alten und zu Gunsten der Jungen. Würden die politisch Verantwortlichen den Jungen Arbeitsgelegenheiten bieten, um den gesellschaftlichen Reichtum zu erhöhen, könnten alle – Beitragszahlende, Steuerzahlende und Rentner über ein höheres Einkommen verfügen.

Die Agenda 2010 bewirkt eine Deformation der Solidarität. Zuerst werden gesellschaftliche Risiken individualisiert. Strukturbrüche werden so dargestellt, als seien sie durch persönliches Fehlverhalten verursacht. Mangelnder Arbeitswille, geringe Qualifikation, Geschlechtszugehörigkeit, ein leichtsinniger Charakter oder ein riskanter Lebensstil sind angeblich für das Eintreten gesellschaftlicher Risiken wie Arbeitslosigkeit, Krankheit und Altersarmut verantwortlich. Ein solches Deutungsmuster liefert dann den Vorwand dafür, die Bewältigung der Risiken der eigenen Initiative zu überlassen. Zwar reichen für den wohlhabenden Teil der Bevölkerung die Einkommen und Vermögen aus, um sich gegen die Lebensrisiken privat und kapitalgedeckt abzusichern, nicht jedoch für diejenigen, die bisher auf die solidarische, umlagefinanzierte Sicherung angewiesen waren. Und schließlich werden Grundrechtsansprüche in marktförmige Tauschverhältnisse überführt, indem die Benachteiligten zu Partnern des Sozialstaats hochstilisiert werden, die miteinander Vereinbarungen auf gleicher Augenhöhe treffen. Mit dieser Individualisierung und Privatisierung gesellschaftlicher Risiken ist eine weitere Polarisierung der Gesellschaft verbunden. Sie verstärkt jenen Trend, den die Bundesregierung in ihrem Armuts- und Reichtumsbericht dokumentiert hat: eine wachsende gesellschaftliche Spaltung zwischen Arbeitslosen und Erwerbstätigen, Armen und Reichen, Ost- und Westdeutschen, Frauen und Männern sowie Haushalten ohne und mit Kindern.

Der Misserfolg

Als Ziel der Agenda wird genannt, die Wachstumsschwäche des Binnenmarkts zu überwinden und die verfestigte Massenarbeitslosigkeit abzubauen. Diesem Ziel werden am ehesten die zusätzlichen Staatsausgaben für Forschung, Entwicklung und Bildung sowie die für die kommenden Jahre zugesagten Investitionen in Ganztagsschulen dienen. Die in Kraft gesetzten zwei letzten Stufen der Steuerreform eröffnen zwar ein beachtliches Potenzial privater Kaufkraft. Aber solange die allgemein depressive Stimmung der Bevölkerung anhält, die von unten nach oben schleicht, wird sich die inländische Konsumnachfrage nicht beleben und keine tragfähige wirtschaftliche Dynamik auslösen.

Leider folgen die Diagnosen, auf denen die Agenda basiert, überwiegend dem angebotsorientierten, monetaristischen Deutungsmuster. Zwar flackern vereinzelt Argumente auf, die eine Verletzung der Maastricht-Kriterien sowie eine unvorhergesehene Netto-Neuverschuldung rechtfertigen und gestatten, den Kreditspielraum der Kommunen zu erweitern. Paradox wirken die mehrmals erzwungenen Nachbesserungen der Agenda: Sie erhöhen die öffentlichen Haushaltsdefizite und stabilisieren damit zum Glück, wenngleich auch ungewollt und unzulänglich die Binnennachfrage. Vereinzelt werden staatliche und private Investitionen als Impulse stetigen Wachstums genannt, um die konjunkturelle Krise zu überwinden. Auch die spekulative Blase auf den Finanzmärkten, die Ende der 90er Jahre platzte und einen Kursverfall sowie die Vernichtung von 700 Mrd. Euro innerhalb dreier Jahren auslöste, kommt zur Sprache. Bestimmend bleiben jedoch jene Megatrends, denen die politischen Akteure sich ohnmächtig ausgeliefert sehen – etwa die Stürme der Globalisierung, die demographische Schere, der öffentliche Sparzwang, der Generationenkonflikt und vor allem die verkrusteten Strukturen auf dem Arbeitsmarkt, die überhöhten Steuern, Löhne und Lohnnebenkosten sowie der aufgeblähte Sozialstaat, dem mit tiefen Einschnitten in die sozialen Leistungen beizukommen ist.

Die Agenda beruht auf der Fehldiagnose, den Sozialstaat ausschließlich als Kostenfaktor und Wachstumsbremse, nicht jedoch als wichtigen Produktivitätsfaktor zu erkennen, der die Wettbewerbsfähigkeit der Unternehmen gewährleistet sowie zur wirtschaftlichen Stabilität und zum gesellschaftlichen Zusammenhalt beiträgt. Daher kann sie auch keine nennenswerte wachstums- und beschäftigungspolitische Wirkung erzielen. Ihre Autoren erklären den Arbeitsmarkt zum Schlüssel im Kampf gegen die Arbeitslosigkeit, obwohl er ein abgeleiteter Markt ist und sich belebt, sobald eine anhaltende und dynamische Nachfrage die Gütermärkte erfasst hat. Folglich bleiben die erwarteten Beschäftigungseffekte aus. Die Disziplinierung der Arbeitslosen schafft keine zusätzlichen Arbeitsplätze in Millionenhöhe, der gelockerte Kündigungsschutz erzeugt ebensowenig wie die geänderten Ladenöffnungszeiten ein Beschäftigungswunder. Die Selbstbeteiligung der Patienten hebt die Steuerungsdefizite des Gesundheitssystems nicht auf. Das riskante Angebot zusätzlicher kommunaler Verschuldung ist kein Ersatz für die dringend notwendige Gemeindefinanzreform.

Unwirksam bleibt die Agenda auch deshalb, weil zahlreiche Widersprüche, fortwährende Korrekturen und hektische Nachbesserungen der mit heißer Nadel formulierten Gesetze den Vertrauensvorschuss der Bevölkerung in das handwerkliche Können der Regierung aufgebraucht haben. Indem das Arbeitslosengeld gleitend abgesenkt wird, soll mehr Druck auf Arbeitslose ausgeübt und die Vermittlung beschleunigt werden.

Aber um vieles höher ist das Volumen der Finanzmittel, mit deren Hilfe die Unternehmern angeregt werden sollten, zusätzlich Arbeitslose einzustellen. Die Rentenreformer hatten vorgeschlagen, das gesetzliche Renteneintrittsalter zu erhöhen. Aber gegenwärtig sind nur 40 Prozent der Unternehmen bereit, Erwerbspersonen, die älter als 50 Jahre sind, zu beschäftigen. Gleichzeitig schließen Regierung und Arbeitgeberverbände einen Ausbildungspakt, der Jugendlichen zusätzliche Ausbildungsplätze verspricht, ohne zu gewährleisten, dass das Versprechen eingelöst werden kann.

Der Erfolg der Agenda wurde auch dadurch beeinträchtigt, dass die orientierende Perspektive der tief greifenden Veränderungen am äußersten Rand des Arbeitsmarkts nicht sichtbar gemacht werden konnte. Man verlangte vor allem ein beschleunigtes Tempo der Veränderungen. Die Frage nach dem Grund radikaler Veränderungen wurde mit veränderten ökonomischen Bedingungen und veränderten gesellschaftlichen Verhältnissen beantwortet. Der Veränderungswille erschöpfte sich weithin in einer Anpassung an weniger komfortable Lebenslagen. Diese seien durch ökonomische, biologische und technologische Megatrends erzwungen, behaupten die Verteidiger der Agenda. Sie beschreiben damit einen Zirkel der Anpassung an Angepasstes. Warum ein Anpassungszwang gemeinsamer Überzeugungen an ökonomische und gesellschaftliche Veränderungen besteht, die aus politischen Entscheidungen hervorgegangen und keine Naturereignisse sind, erklären sie jedoch nicht.

2. Der dreißigjährige Feldzug gegen den Sozialstaat

Die rot-grüne Koalition hat sich von den marktradikal wirtschaftliberalen Bekenntnissen faszinieren lassen, die seit Mitte der 1970er Jahre unter den wissenschaftlichen Eliten, den Wirtschaftsjournalisten und den unternehmerischen Führungskräften zunächst in den angelsächsisch orientierten Ländern Europas, dann in den süd- und westeuropäischen Ländern und schließlich in den osteuropäischen Transformationsländern verbreitet waren. Mit der Agenda 2010 hat sie diese übernommen.

Die marktradikal wirtschaftsliberalen Überzeugungen wurden in Deutschland 1982 mit dem Sturz der Regierung Schmidt und der Wahl Helmut Kohls zum Bundeskanzler politisch mehrheitsfähig. Zu den unmittelbaren Auslösern des Regierungswechsels, der als wirtschafts- und kulturpolitische Wende stilisiert worden ist, gehört das so genannte Lambsdorff-Papier. Als dessen Mitverfasser gilt Hans Tietmeyer, der damalige Leiter der Grundsatzabteilung im Wirtschaftsministerium. Helmut Schmidt reagierte auf die Veröffentlichung des Papiers mit der Bemerkung, dies sei eine ökonomische und politische Kampfansage an die Wirtschaftspolitik der sozial-liberalen Koalition. Das Papier lässt drei Lesarten zu.

Eine erste Lesart entspricht dem Leitbild einer aufgeklärten sozialen Marktwirtschaft. Demgemäß werden kurzatmige und vordergründige wirtschaftspolitische Interventionen verurteilt. Statt dessen sollte ein Gesamtkonzept entwickelt werden, das die Bekämpfung der Arbeitslosigkeit zur erstrangigen politischen Aufgabe erklärt und so die Wachstumsschwäche überwindet.

Eine zweite, ordoliberale Lesart akzentuiert die öffentlichen und privaten Investitionen beim Umweltschutz, Schienenverkehr und Energiesparen (allerdings auch beim Zubau von Kernkraftwerken). Die Sozialleistungen sollen an die veränderten Wachstumsbedingungen angepasst und die Lohnforderungen der abhängig Beschäftigten eingedämmt werden.

In einer dritten Lesart erschließt sich das Papier als ein marktradikal wirtschaftsliberaler Angriff gegen die aufgeklärte soziale Marktwirtschaft, die den Kern sozialdemokratischer Wirtschaftspolitik unter Helmut Schmidt darstellte. Diese Lesart liegt nahe, weil die verlangten sozialen Einschnitte der Lohnsenkung, Kürzung des Arbeitslosengelds, der Ausbildungsförderung und der Lohnfortzahlung im Krankheitsfall ebensowenig ein bloßes Anhängsel sind wie die Selbstbeteiligung bei Arzneimitteln und beim Arztbesuch, die Lockerung des Kündigungsschutzes, der demographische Faktor in der Rentenformel und das Einfrieren der Regelsätze der Sozialhilfe. Sie rechtfertigt Horst Köhlers Vergleich zwischen dem Papier von Graf Lambsdorff 1982 und der Agenda von Bundeskanzler Schröder 2003. So schließt sich der Kreis: Die wirtschaftspolitische Orientierung der Agenda eines sozialdemokratischen Bundeskanzlers ist auf diese Weise dem Hauptstrom marktradikal wirtschaftliberaler Bekenntnisse im letzten Viertel des vergangenen Jahrhunderts zugeordnet.

Wie konnten marktradikal wirtschaftsliberale Bekenntnisse das Denken einer Generation von Ökonomen, Konzernchefs, bürgerlichen und sozialistischen Politikern besetzen, die sich an das Scheitern vergleichbar extremer Theorien und politischer Regime während der 1930er Jahre hätten erinnern können? Wie konnten überprüfbare ökonomische Theorien und wirtschaftspolitische Vorschläge zu einer Art Kulturrevolution ausarten? Und wie konnten sie nach einem Vierteljahrhundert noch den herrschenden Meinungsstrom der politischen und wirtschaftlichen Klasse bestimmen, als sie zu einer Falle der Wachstumsschwäche und Unterbeschäftigung in Europa wurden? Eine Antwort darauf soll mit fünf Vermutungen gegeben werden.

Von der plausiblen Theorie zur Weltanschauung

Anfang der 70er Jahre des vorigen Jahrhunderts wurde die Weltwirtschaft mit drei externen Schocks konfrontiert. 1971/1973 wurde das Bretton-Woods-System, das 30 Jahre lang den äußeren Geldwert stabil gehalten und diese Stabilität zu einem öffentlichen Gut gemacht hatte, aufgekündigt. Als daraufhin der US-Dollar drastisch abgewertet wurde, erhöhte die Organisation der ölexportierenden Staaten massiv den Rohölpreis und setzte ihre Preisforderungen durch. Die Folge waren erhebliche Umschichtungen von Kaufkraft, die zunächst aus den Industrieländern in die OPEC-Länder floss, eine explosive Zunahme internationaler Gläubiger-Schuldner-Beziehungen sowie ein weltweiter Einbruch der Produktion und des Handels. 1972 veröffentlichte der Club of Rom „Die Grenzen des Wachstums".

In diesem Umfeld klangen Wirtschaftstheorien plausibel, die dem „Weiter so" umtriebiger aber zielloser Staatseingriffe den Kampf ansagten, weil die Versuche, die Wirtschaft durch staatliche Nachfrageimpulse zu beleben, nur geringe und kurzfristige Erfolge zeigten und meistens die Inflation anheizten. Anfang der 1980er Jahre wurde man der Dauerkonflikte zwischen Zentralbanken, die den inneren Geldwert stabilisieren wollten, und den Regierungen, die auf Wachstum und Beschäftigung setzten, überdrüssig. Die überspitzte Formulierung des deutschen Bundeskanzlers Helmut Schmidt, ihm seien 5 Prozent Inflation lieber als 5 Prozent Arbeitslosigkeit, klang am Ende seiner Regierungszeit grotesk, weil beides, Inflation und Stagnation eingetreten war. In der Folgezeit hielt man sowohl den praktischen Blickwinkel einer notwendigen Stabilisierung schwankender privater Wirtschaftstätigkeit durch den Staat als auch die grundsätzlich kreislauf- und nachfragetheoretische Perspektive für zu einseitig. Auch die früher von Karl Schiller verkündete „Versöhnung des Freiburger Imperativs mit der keynesianischen Botschaft", der Selbststeuerung der Mikroebene durch den Wettbewerb mit der Globalsteuerung der makroökonomischen Beziehungen durch den Staat wurde kritisch hinterfragt. Die erwähnten weltwirtschaftlichen Schocks hätten nämlich überwiegend die Angebotsseite betroffen, während die Nachfragesteuerung eine außerordentliche Disziplin der politischen Entscheidungsträger voraussetze. Die keynesianische Theorie, so lautete der Vorwurf, unterschätze die Abweichung zwischen erwarteten und tatsächlichen Ereignissen sowie den Konflikt zwischen Beschäftigung bzw. Lohnniveau und Inflation.

Eine angebotsorientierte Wirtschaftspolitik sollte im Kontrast dazu in erster Linie die Produktionsbedingungen einer Volkswirtschaft verbessern, um den Veränderungen besser gewachsen zu sein. Nicht die kurzfristige monetäre Nachfrage, sondern das langfristige reale Produktionspotential gilt als die Schlüsselgröße dieser Politik. Daraus wird gefolgert, dass der Staat administrative Regelungen von Preisen und Mengen, insbesondere die Schutzregelungen auf dem Arbeitsmarkt zurücknehmen soll, weil diese das wirtschaftliche Wachstum und die Produktivität einschnüren. Die abhängig Beschäftigten sollen keine überzogenen Lohnforderungen stellen, die Notenbank hat für einen stabilen Geldwert zu sorgen und die Wirtschaftspolitik des Staates soll berechenbar bleiben. Unter dem amerikanischen Präsidenten Reagan (1981–1989) wurde das angebotsorientierte Konzept großflächig erprobt. Die Steuern wurden massiv gesenkt, das Wachstum der Geldmenge stark gebremst und die Ausgaben der öffentlichen Haushalte massiv gekürzt. Als jedoch infolge der Rezession und der Steuersenkung die öffentlichen Einnahmen im Gegensatz zur ursprünglichen Erwartung einbrachen und ein erhebliches Haushaltsdefizit entstand, sahen die Experten ein, dass auch eine angebotsorientierte, monetaristische Wirtschaftspolitik nachfragewirksam ist und einer kreislaufmäßigen Absicherung bedarf.

Diese Absicherung nahm Präsident Reagan vor, indem er den Rüstungsetat massiv aufstocken ließ.

Beim Transfer der angebotsorientierten, monetaristischen Wirtschaftspolitik nach Europa unter dem Etikett der „Reagonomics" geschah ein erster Umbau. Die gemäßigte, von der Nachfrage flankierte Angebotsorientierung wurde in Großbritannien weiter getrieben. Margaret Thatcher (1979–1990) verordnete dem Land eine extreme wirtschaftliche und politische Liberalisierung. Staatliche Ausgaben und die Einkommensteuern wurden gesenkt, öffentliche Unternehmen privatisiert, die Inflation rigoros bekämpft, die Macht der Gewerkschaften gebrochen, das Schul- und Gesundheitssystem umgebaut und Sozialleistungen gekürzt.

Als die angebotsorientierte, monetaristische Wirtschaftspolitik von Großbritannien auf den Kontinent übertragen wurde, kam es zu einem zweiten Umbau. Die abweichenden Konzepte, die als „Reagonomics" und „Thatcherismus" kursierten, wurden normativ aufgeladen und zu einem weltanschaulichen Konstrukt umgeschrieben. Das privatwirtschaftliche System, so glaubte man, sei in sich stabil, solange vernünftige Erwartungen nicht enttäuscht werden. Die wirtschaftliche Krise sei durch eine Störung der Angebotsbedingungen, durch überhöhte Steuern und Abgaben, ein zu hohes Lohnniveau, eine starre Lohnstruktur und staatlich-bürokratische Regulierungen, die erwünschte Arbeits- und Sparanreize von Leistungsträgern beeinträchtigen, verursacht. Eine natürliche Arbeitslosigkeit sei inflationsunabhängig und sozio-kulturell bedingt. Um sie zu senken, müssten die Arbeitslosen mobiler und mit geringeren Löhnen zufrieden sein. Komfortable Sozialleistungen dürften sie nicht davon abhalten, ein reguläres Arbeitsangebot anzunehmen. Der Hauptschlüssel stetigen und beschäftigungsfördernden Wachstums liege in der Kontrolle der Geldmenge; staatliche Wirtschaftspolitik sei erstrangig Geldpolitik.

Das bereits erwähnte Lambsdorff-Papier nimmt diese angebotsorientierte, monetaristische Wirtschaftspolitik auf. Während der konservativ-liberalen Koalition unter Bundeskanzler Helmut Kohl wurde sie zum wissenschaftlichen Hauptstrom, ergriff den Sachverständigenrat für die gesamtwirtschaftliche Entwicklung, die staatlich finanzierten Forschungsinstitute sowie die Medien. Seitdem bestimmt sie den öffentlichen Diskurs. Der wirtschaftsliberale Flügel der CDU deutete das Leitbild der sozialen Marktwirtschaft streng ordoliberal und schnitt es auf das angebotsorientierte Konzept zu. Im Einigungsvertrag von 1990 wird die soziale Marktwirtschaft etwas verengt durch „Privateigentum, Leistungswettbewerb, freie Preisbildung und grundsätzlich volle Freizügigkeit von Arbeit, Kapital, Gütern und Dienstleistungen" charakterisiert. Und die Prinzipien der sozialen Marktwirtschaft sind in der „freien Entscheidung der Unternehmen über Produkte, Mengen, Produktionsverfahren, Investitionen, Arbeitsverhältnisse, Preise und Gewinnverwendung" verwirklicht.

Die drei Bekenntnissätze des in Deutschland radikalisierten, normativ aufgeladenen weltanschaulichen Konstrukts lauten:

Erstens: Vertraue auf die Selbstheilungskräfte des Marktes!

Zweitens: Der schlanke Staat ist der beste aller möglichen Staaten!

Drittens: Wirtschaftspolitik ist Sache der Notenbank; indem diese rigoros die Inflation bekämpft, sorgt sie automatisch für Wachstum und hohe Beschäftigung!

Diesen Bekenntnissätzen wurde solange nicht widersprochen, als sie an die gemeinsame Überzeugung anknüpfen konnten, dass das wirtschaftliche Denken ein „Faktum der Vernunft" sei. In allen menschlichen Entscheidungen wird nämlich über knappe Mittel, jedenfalls über das knappe Mittel der Zeit verfügt. Die Kritik an einem bürokratisch schwerfälligen und auf die Verteilung finanzieller Mittel fixierten Sozialstaat fand viel Applaus, weil er die Bürger und Bürgerinnen mit unlesbaren Formularen, langen Warteschlangen und bürokratischen Kontrollen nervte. Diese waren auch gegen kirchliche und andere gemeinnützige Wohlfahrtsverbände misstrauisch geworden, die sich zu unbeweglichen Agenturen des Sozialstaats aufgebläht hatten. Mehr betriebswirtschaftliches Denken könne den Gesundheits- und Sozialeinrichtungen nicht schaden. Der ökonomische Druck, der von staatlichen Sparmaßnahmen ausging und die Rationalisierung und Rationierung medizinischer, sozialer und pädagogischer Leistungen vorantrieb, könne deren Qualität verbessern. Der Ansicht, dass eine Geldentwertung der breiten Bevölkerungsschicht mehr schade als nutze und diejenigen härter treffe, die nicht in den Erwerb von Sachvermögen ausweichen können, wurde allgemein zugestimmt.

Das marktradikal wirtschaftsliberale Bekenntnis zeigte sich gegen Kritik resistent. Es ließ sich vom Widerspruch empirischer Konjunkturanalysen, Kreislaufdiagnosen, nachfrageorientierter Szenarien sowie vom Nachweis tatsächlicher Wechselwirkungen der monetären und realwirtschaftlichen Sphäre nicht beeindrucken.

Als Beispiel dieser Selbstimmunisierung kann das Gutachten des Sachverständigenrats für die gesamtwirtschaftliche Entwicklung des Jahres 2002 gelten. Die „Weisen" beschreiben zutreffend die Lage der Weltwirtschaft, nämlich den Absturz des Welthandels und der Weltproduktion zum Jahresende 2000, dann die allmähliche konjunkturelle Belebung in den Vereinigten Staaten als dem Motor der globalen Wirtschaft, die außergewöhnliche Wachstumsdynamik Chinas, die Erholung in Japan sowie die beachtlichen Wachstumsraten einiger europäischer Randländer als Ursachen der hohen Nachfrage nach deutschen Exportgütern. Dann jedoch setzen sie die Konjunkturbrille ab und erklären die Wachstumsschwäche auf dem Binnenmarkt ausschließlich durch strukturelle Defizite. Dabei filtern sie jedoch einseitig jene Strukturschwächen aus, die den Produktionsfaktor Arbeit, den Arbeitsmarkt, die kollektive Interessenvertretung der abhängig Beschäftigten sowie die erwerbswirtschaftlichen Solidarsysteme betreffen, nämlich hohe Lohnsteuer- und Abgabensätze, fahrlässige Lohnabschlüsse, überzogene Arbeitslosen- und Sozialhilfe, starre Flächentarifverträge, übertriebene Schutzregeln und ein ineffizientes Gesundheitswesen. Andere Strukturdefizite bleiben unerwähnt – etwa eine polarisierte Einkommens- und Vermögensverteilung, eine fortwirkend geschwächte Verhandlungsposition der Arbeitnehmer sowie ein ungleicher Zugriff auf Arbeitsverhältnisse bzw. Kapitaleinkommen, um gesellschaftliche Risiken solidarisch abzusichern. Dass eine selbsttragende Dynamik der inländischen Investitions- und Konsumnachfrage möglicherweise mehr autonome private und öffentliche investive Schubkräfte braucht, kommt den Experten nicht in den Sinn.

Die wiederholten Verheißungen, dass die Zahl der Arbeitslosen in zwei, drei Jahren halbiert oder erheblich verringert werden könne, wenn nur die Löhne, Abgaben oder Steuern weiter sinken würden, haben sich nicht erfüllt. Als Begründung, weshalb die erwartete Wirkung ausgeblieben sei, wird erklärt, dass die Richtung der Maßnahmen zwar stimme, aber die Maßnahmen selbst nicht radikal genug ergriffen worden seien. Ein Durchbruch zu mehr Wachstum und Beschäftigung sei bei verschärften Maßnahmen derselben Art so gut wie sicher. Den Beweis dafür erbringen sie nicht.

Die Vormachtstellung der Vereinigten Staaten

Ohne den Kontext der politischen und militärischen Übermacht der Vereinigten Staaten wären die marktradikal wirtschaftsliberalen Positionen nicht so erfolgreich gewesen. Ihre Argumente und deren innere Konsistenz hätten ohne das Machtpotenzial des amerikanischen Wirtschafts- und Finanzstils weniger beeindruckt.

„Wallstreet-Treasury-IWF-Komplex“ nennt man das Zusammenspiel von New-Yorker Börse, US-amerikanischem Finanzministerium und Internationalem Währungsfonds. Der

IWF hat seine ursprüngliche Aufgabe, kurzfristige Zahlungsbilanzdefizite zu finanzieren, mittlerweile gegen die Rolle einer internationalen Agentur der Länder mit marktbeherrschenden Währungen und der institutionellen Kapitalanleger vor allem aus den Vereinigten Staaten eingetauscht. Im Krisenmanagement der Auslandsverschuldung von Schwellenländern bezieht er eine Schlüsselposition. Sie besteht darin, dass er die Auflagen der Strukturanpassung diktiert, die das überschuldete Land erfüllen muss, um seine Kreditwürdigkeit wieder herzustellen und frisches Geld zu erhalten. Diese setzen einseitig auf die Verbesserung der Angebotsbedingungen, auf strenge Haushaltsdisziplin, die Reduktion der öffentlichen Kreditaufnahme und der Beschäftigung im öffentlichen Sektor, auf die Liberalisierung des Außenhandels und des Kapitalverkehrs, auf Zinssätze, die marktgerecht sind, und Wechselkurse, die den Export begünstigen, auf die Privatisierung der Staatsbetriebe und verbindliche Eigentumsgarantien. Diese Auflagen, für die der amerikanische Wirtschaftswissenschaftler John Williamson den Begriff des „Washington-Consensus" geprägt hat, sind in einigen Ländern Lateinamerikas strikt befolgt worden. Sie haben zwar die Inflationsraten und die Defizite der öffentlichen Haushalte drastisch gesenkt, den Wechselkurs durch die Bindung an eine Leitwährung stabilisiert sowie beachtliche bis mäßige Wachstumsraten ermöglicht. Allerdings haben sich auch die Kreditabhängigkeit vergrößert, ohne dass der Schuldendienst aus den Exporten aufgebracht werden konnte. Gleichzeitig jedoch ist die Arbeitslosigkeit gestiegen, die Reallöhne sind gefallen, die vorher schon großen Unterschiede in der Einkommens- und Vermögensverteilung haben sich noch vergrößert, die Sozialausgaben sind drastisch gekürzt worden und die Nahrungsmittelproduktion pro Kopf der Bevölkerung ist gesunken.

Nicht nur der Internationale Währungsfonds, sondern auch andere internationale Einrichtungen, die in den 1990er Jahren gefestigt und neu entstanden sind, haben sich die marktradikal wirtschaftsliberalen Parolen angeeignet und verbreitet. Die Konferenzen der Welthandelsorganisation (WTO) sind derzeit von heftigen Auseinandersetzungen um die volle Liberalisierung der Märkte für Dienstleistungen geprägt, die auch die bisher meist öffentlich bereit gestellten Gesundheits- und Bildungsgüter, die Güter der allgemeinen Infrastruktur wie Wasser, Strom und Kommunikation sowie soziale Dienste einschließen (GATS).

Das Wirtschafts- und Finanzsystem der Vereinigten Staaten droht die Wirtschaftsstile zu überformen, die in Europa und anderen Ländern gewachsen sind. Diese Behauptung lässt sich an drei Handlungsfeldern veranschaulichen: Auf dem europäischen Kontinent wird das Unternehmen als Personenverband bzw. als ein Vertragsnetz derer verstanden, die sich im Unternehmen persönlich und finanziell engagieren, nämlich der Manager, Belegschaften, Anteilseigner, Banken, Kunden, Zulieferer und Kommunen. Dagegen orientiert sich das „Shareholder Value Konzept" der Unternehmenssteuerung in erster Linie an riskanten zukünftigen Zahlungsströmen, macht den jeweiligen Gegenwartswert dieser Zahlungsströme zum Erfolgsausweis eines Unternehmens und verpflichtet die Manager auf den so genannten Unternehmenswert, der sich im Börsenkurs spiegelt, als strategisches Ziel ihrer Entscheidungen. Folglich wird für jede einzelne Betriebseinheit ein optimaler Zahlungsstrom festgelegt. Nur überdurchschnittlich profitable Betriebseinheiten erhalten die erforderlichen Finanzmittel, während die restlichen samt ihren Belegschaften abgestoßen werden. Dieses angelsächsische Konzept, das die Unternehmen als Vermögensgegenstände der Anteilseigner begreift, scheint das kontinentaleuropäische Konzept des Unternehmens als gesellschaftlichen Personenverbands zu verdrängen. Ein zweites Handlungsfeld ist die Absicherung gegen die Risiken des Alters. In den USA ist sie überwiegend der privaten, kapitalgedeckten Vorsorge überantwortet, während in den kontinentaleuropäischen Ländern die solidarische, umlagefinanzierte Sicherung verbreitet ist. Als man in der deutschen Öffentlichkeit über die Finanzierungsrisiken der gesetzlichen Rentenversicherung debattierte, wurde die amerikanische Form der Alterssicherung als außerordentlich rentabel, kostengünstig und demographiefest gelobt. Der besondere Vorzug der Kapitaldeckung liege darin, hieß es, dass die aktiv Erwerbstätigen in der Gegenwart einen Kapitalstock aufbauen, der von ihnen in der Zukunft, sobald sie das Rentenalter erreicht haben, wieder aufgelöst werde. Zusätzlich könne auch die ausländische Wertschöpfung in Anspruch genommen werden, um die privaten Rentenansprüche der Deutschen zu befriedigen. Nach dem Kurseinbruch der Wertpapiere im Jahr 2000 wurde deutlich, dass auch die private kapitalgedeckte Alterssicherung gegen die Systemrisiken der Finanzmärkte nicht geschützt ist. Sie kann eventuell in Zeiten hoher Arbeitslosigkeit, niedriger Investitionsneigung und geringer Wachstumsraten, aber relativ hoher Kapitalmarktzinsen für Eigentümer von Geldvermögen eine vorteilhafte Alternative zu den umlagefinanzierten solidarischen Sicherungssystemen abhängig Beschäftigter sein. Ein drittes Handlungsfeld sind die Prioritäten der Wirtschaftspolitik. Wenn das erstrangige Interesse der Großbanken, Versicherungskonzerne und institutionellen Anleger auf den internationalen Finanzmärkten darin besteht, den Wert des Geldvermögens zu sichern, besteht die Gefahr, dass sich die europäischen Regierungen diesem Interesse unterordnen. Dem Kampf gegen die Inflation mit dem Ziel, dass die Anteilseigner sichere Möglichkeiten der Geldanlage finden, geben sie dann den Vorrang gegenüber dem Ziel eines hohen Beschäftigungsgrads, der durch mehr Wirtschaftswachstum erzielt wird. Nachdem sie der Notenbank zugleich mit dem Beschluss einer starken Unabhängigkeit das Mandat übertragen haben, die Inflation rigoros zu bekämpfen, und sich eng an die monetär und fiskalisch fixierten Maastricht-Kriterien halten, berauben sie sich der Möglichkeit, eine koordinierte europäische Fiskal-, Einkommens-, Beschäftigungs- und Wachstumspolitik zu betreiben. Die Folge ist eine seit Jahrzehnten beobachtete Verletzung der goldenen Regel des Wachstums, unter der alle realwirtschaftlich orientierten Unternehmen leiden. Die Regel besagt, dass die Kapitalrendite auf den Finanzmärkten niedriger sein sollte als die Profitrate, die innovative Unternehmen aus vorfinanzierten realen Investitionen, der Schaffung von Arbeitsplätzen, der Produktion und dem Absatz, d. h. aus dem realwirtschaftlichen Kreislauf gewinnen. Die Verletzung dieser Regel wiegt umso schwerer, weil sie belegt, wie sehr der Schlüssel zur Überwindung der wirtschaftlichen Stagnation und der Massenarbeitslosigkeit auf den Finanzmärkten liegt.

Ein beeindruckendes Beispiel, wie der US-amerikanische Finanzstil in das Gefüge der öffentlichen Haushalte und in die Beziehungen zwischen der Hoheitsverwaltung anderer Staaten und die Selbstverwaltung der Kommunen eingreift, ist das Finanzgeschäft einer Vermietung kommunalen Eigentums – Müllverbrennungsanlagen, U-Bahnnetze, Sportanlagen, Wasserwerke und Kläranlagen – an einen Investor aus den Vereinigten Staaten. Die Kommune überträgt ihr wirtschaftliches Eigentum auf 99 Jahre unter Vermittlung einer anonymen Treuhandgesellschaft an einen Investor, der diese Finanzinvestition steuermindernd gegenüber der US-amerikanischen Steuerbehörde geltend machen kann. Gleichzeitig schließt die Kommune einen Rückmietvertrag, der 30 Jahre läuft. Danach kann sie das Finanzgeschäft gegen die Zahlung eines Optionspreises beenden. Falls sie dazu nicht in der Lage oder bereit ist, gehen die Anlagen in die Verfügung des Investors über, der sie an private Dritte verkaufen kann. Der beiderseitige Vorteil des Finanzgeschäfts liegt darin, dass der amerikanische Investor Steuern spart und die deutsche Kommune ein Honorar dafür bezieht, dass sie sich an diesem Geschäft beteiligt.

Der Mikroblick

Der Mikroblick sieht die wirtschaftliche und gesellschaftliche Umwelt ausschließlich aus der Ich-Perspektive des einzelnen Wirtschaftssubjekts, des einzelnen Haushalts oder des einzelnen Unternehmens. Es wird so getan, als seien die einzelnen Personen souveräne Handlungssubjekte, die ihre Absichten voll verwirklichen und die Folgen ihres Handelns restlos im Griff haben. Diese Sichtweise ist jedoch blind für systemische Rückkopplungen, die das Gegenteil dessen hervorbringen können, was die Handelnden ursprünglich beabsichtigt haben.

Der Mikroblick verleitet dazu, dass die verfestigte Massenarbeitslosigkeit als Folge individuellen Versagens gedeutet wird. Sie stolpert in einen familiaristischen Fehlschluss. So ist die Neigung verbreitet, die Funktionsregeln der sozialen Sicherungssysteme mit dem Gefühl der Verbundenheit in der Großfamilie aus Urahne, Großmutter, Mutter und Kind zu vergleichen. Die Anekdote vom Bäcker, der drei Brote, eins für sich und seine Frau, eins für die Kinder und eins für die Eltern backt, wird auf die moderne Gesellschaft übertragen, obwohl diese nicht als partnerschaftliche Beziehung in der Geschlechterfolge konstruiert ist, sondern die Rechte und Pflichten regelt, die gesellschaftliche Gruppen beanspruchen und einander schulden. Dieser Fehlschluss ist ebenfalls wirksam, wenn die Rolle des Finanzministers bei der Gestaltung der laufenden Ausgaben und Investitionen in den öffentlichen Haushalten mit der eines sorgenden Hausvaters verglichen wird, der die laufenden Ausgaben und Einnahmen ausgleicht, weil er es nicht wagt, seinen Kindern einen Schuldenberg zu hinterlassen. Dem Mikroblick entgeht der Zusammenhang, dass anders als im Einzelhaushalt der öffentlichen Verschuldung eine private Vermögensbildung innerhalb derselben Generation entspricht. Ihm entgeht auch die Tatsache, dass die Mitglieder der nachwachsenden Generation nicht nur die öffentlichen Schulden, sondern auch die privaten Vermögen übernehmen.

Der Mikroblick zeigt sich in einer ausschließlich betriebswirtschaftlichen, einzelwirtschaftlichen Argumentationsweise. Sobald einem Unternehmer die Hausbank den Anschlusskredit verweigert oder ihm die Absatzmärkte wegbrechen, neigt er dazu, über die zu hohen Steuern, Löhne und Lohnnebenkosten zu klagen. Sobald die Mitarbeiter höhere Löhne fordern, befürchtet er schrumpfende Gewinne. In Tarifverträgen sieht er einen Hemmschuh unternehmerischer Innovationen. Von längeren Arbeitszeiten ohne Lohnausgleich erwartet er einen konjunkturellen Aufschwung und mehr wirtschaftliche Dynamik. Sollten jedoch alle Unternehmer darauf drängen, ihre Kosten, insbesondere die Lohnkosten zu senken, schrumpft mit einer zeitlichen Verzögerung auch die Nachfrage gerade nach jenen Gütern, deren Absatz die Gewinnquelle der Unternehmen ausmacht. Wenn die Konzernleitung von Siemens mit zwei Betrieben eine Arbeitszeitverlängerung ohne Lohnausgleich aushandelt, mag dies für eine einzelne Betriebseinheit vernünftig sein. Für einen transnationalen Konzern im Kontext der internationalen Arbeitsteilung ist es eine rein defensive und kurzsichtige Reaktion. Denn ein Verdrängungswettbewerb zwischen deutschen und ausländischen Betrieben gefährdet auch den zukünftigen europäischen Absatzmarkt des Konzerns. Wenn ganze Branchen verlangen, die Arbeitszeit kollektiv zu verlängern und die Löhne allgemein zu kürzen, verspielen sie die Chance, die Binnennachfrage zu beleben und den eigenen Absatzmarkt zu stabilisieren.

Die Sammlung des bürgerlichen Lagers

Nachdem die Euphorie des Regierungswechsels und die Zufriedenheit der Bevölkerung über die Abwahl der konservativ-liberalen Koalition unter Bundeskanzler Kohl verflogen war, sammelte sich das bürgerliche Lager in zwei fast gleichlautenden Initiativen, um das Leitbild der sozialen Marktwirtschaft mit den marktradikal wirtschaftsliberalen Bekenntnissen zu überformen und mit Hilfe einer gezielten Öffentlichkeitsarbeit das reformunwillige Volk aufzuklären.

Eine branchen- und parteiübergreifende Plattform, die für alle offen ist, die sich dem Gedanken der sozialen Marktwirtschaft verbunden fühlen, wurde im Herbst 2000 mit dem Titel: „Chancen für alle – Initiative Neue Soziale Marktwirtschaft" gegründet. Sie bezieht sich auf drei Programmworte Ludwig Erhards: „Eigeninitiative, Leistungsbereitschaft, Wettbewerb". Träger der Initiative sind die 16 regionalen Arbeitgeberverbände der Metall- und Elektroindustrie und weitere führende Wirtschaftsverbände sowie Unternehmen, Bürger und prominente Politiker. Dem Kuratorium gehören u. a. an: Edmund Stoiber, Oswald Metzger, Lothar Späth, Arend Oetker, Roland Berger, Walter Kannegießer, Randolf Rodenstock, Arnulf Baring, Hans D. Barbier und Walter Kirchhof. Der Vorsitzende des Kuratoriums ist Hans Tietmeyer. Die Initiative will die soziale Marktwirtschaft an die Bedingungen des 21. Jahrhunderts anpassen, nämlich die Globalisierung, die Wissensgesellschaft, die Veränderungen der Arbeitswelt, die Informationstechnologie sowie den demographischen Wandel. Um dieses Ziel zu erreichen, müsse Ballast abgeworfen werden. Eine neue Wirtschaftspolitik solle den Staat auf seine Kernkompetenzen beschränken, Steuern und Abgaben senken und die Bürokratie abbauen. Eine neue Beschäftigungspolitik solle Arbeitslose qualifizieren sowie das Arbeits- und Sozialrecht überprüfen. Eine neue Sozialpolitik solle von der Rundum-Absicherung und von der Entartung des

Sozialstaats zum Wohlfahrtsstaat Abschied nehmen, Solidarität nur den wirklich Bedürftigen gewähren und den privaten Versicherungsschutz ausweiten. Eine neue Tarifpolitik solle sich flexibler an den Interessen der Betriebsparteien orientieren und aus Arbeitszeit- und Lohnkomponenten bestehen. Eine neue Bildungspolitik solle den Rohstoff „Wissen" als Standortfaktor veredeln und für mehr Wettbewerb, Effizienz und Tempo im Bildungswesen sorgen. Diese neuen Einsichten werden regelmäßig in Anzeigen, Büchern, auf Kongressen und Plakaten sowie im Fernsehen verbreitet.

Wenige Monate später, im Sommer 2001 stellte Angela Merkel das Projekt der CDU: „neue Soziale Marktwirtschaft" vor. Die soziale Marktwirtschaft, die im 20. Jahrhundert so erfolgreich war, sei im Kern eine Wirtschaftsordnung der Freiheit und korrespondiere mit der Demokratie als politischer Ordnung der Freiheit. Das Projekt wirbt zu Beginn des 21. Jahrhunderts für „einen neuen Vertrag auf Gegenseitigkeit von Politik und mündigem Bürger". Das bedeute beispielsweise niedrige und einfache Steuersätze gegen Ehrlichkeit oder: Arbeitsangebote, die sich lohnen, gegen die Pflicht zur Arbeitsannahme oder: Respekt vor den Erfahrungen der älteren Arbeiter gegen die Bereitschaft zur Weiterbildung oder: finanzielle Entlastung der Familien gegen den Mut zur Erziehung. Als Leitmotiv eines solchen Vertrags wird ein Wort Ludwig Erhards von 1957 angeführt: „Ich will mich aus eigener Kraft bewähren. Ich will das Risiko des Lebens tragen, will für mein Schicksal selbst verantwortlich sein. Sorge du, Staat, dafür, das ich dazu in der Lage bin".

Die Initiatoren des Projekts meinen, Deutschland sei auf vier epochale Veränderungen – digitale Revolution, Globalisierung, Alterung der Bevölkerung und Wertewandel (insbesondere Wandel der Lebensentwürfe von Frauen) – nicht hinreichend eingestellt. Folglich ergebe sich für das Land ein fünffacher Handlungsbedarf: In den Bildungs- und Forschungsbereichen herrscht nicht genug Wettbewerb: die Leistungen in den mathematisch-naturwissenschaftlichen Fächern sind zu schwach. Das Steuer- und Abgabensystem ist unfair, kompliziert, undurchsichtig. Das Arbeits- und Tarifrecht ist starr, die hohen Lohnstückkosten verhindern zusätzliche Beschäftigung. Die Solidarsysteme sind gefährdet, denn sie belasten den Faktor Arbeit übermäßig und verursachen Kosten, die nicht mehr gebändigt werden können. Die internationale Ordnung ist lückenhaft. Daraus folgt ein fünffacher Auftrag an die Politik zur Gestaltung der „Wir-Gesellschaft“: Um tragfähige Fundamente einer Wissensgesellschaft herzustellen, sind die Schul- und Hochschulbildung leistungs- und wettbewerbsbestimmt zu gestalten; Begabte sind entschieden zu fördern. In einem transparenten Steuer- und Abgabensystem sind die Steuern zu senken und zu vereinfachen, die Ökosteuer abzuschaffen, Bürgerkonten einzurichten und die Steuern des Bundes, der Länder und der Gemeinden eindeutig zu trennen. Arbeit für alle ist möglich, sobald betriebliche Regelungen bevorzugt, die Betriebsverfassung modernisiert, der Kündigungsschutz gelockert und befristete Arbeitsverhältnisse vermehrt werden. Verlässliche Solidarsysteme verlangen mehr Wettbewerb im Gesundheitswesen, Dualität von Kern- und Ersatzleistungen, mehr private, kapitalgedeckte Vorsorge, breite Vermögensbildung und Familienförderung. Ein internationaler Ordnungsrahmen soll die Liberalisierung des Welthandels vorantreiben, einen freien und fairen Wettbewerb sichern und dem internationalen Finanzsystem verbindliche Regeln bieten.

Die zwei Varianten einer neuen sozialen Marktwirtschaft gehen davon aus, dass es eine einzige alte soziale Marktwirtschaft gebe. Das ist jedoch nicht der Fall. Die Namen Eucken, Müller-Armack, Schiller, Hayek und Nell-Breuning stehen für sehr unterschiedliche Deutungen der sozialen Marktwirtschaft. Initiative und Projekt wollen offenbar die Definitionsmacht über das, was soziale Marktwirtschaft ist, für eine bestimmende Gruppe der CDU zurückerobern. Dabei tauschen sie Erhards Formel vom „Wohlstand für alle“ eigenwillig gegen die Formel:

„Chancen für alle“ ein. Beide Spielarten einer neuen sozialen Marktwirtschaft sind weder neu noch sozial. Denn sie wiederholen die marktradikal wirtschaftsliberalen Bekenntnisse, haben überzogene Erwartungen an die Selbststeuerungskraft des Marktes und entwerfen aus der Mikro-Perspektive ein realitätsfernes Marktkonstrukt. Sie überschätzen die Wirkungen der Privatisierung, gewichten unverhältnismäßig stark die Freiheitsrechte und folgen in der Begründung sozialstaatlicher Optionen diffusen Trenderklärungen.

Die Initiative „Neue Soziale Marktwirtschaft“ ist zum Prototyp einer Reihe von außerparlamentarischen Kampagnen bürgerlicher Führungseliten geworden, die sich als marktradikal wirtschaftsliberale Missionare zu einer unmündigen, nicht aufgeklärten Bevölkerung gesandt wissen. Ihre Auftritte in der Öffentlichkeit sind professionell eingekauft und werden von Industriekonzernen, der Deutschen Bank und vermögenden Einzelunternehmern komfortabel mit Finanzmitteln ausgestattet. Beispielsweise ist die Aktion „Deutschland packt's an“ eine Gemeinschaftsaktion deutscher Fernsehsender, Verlage und Unternehmen der Werbewirtschaft. Sie wurde Ende 2001 nach der so genannten „Ruck“-Rede des damaligen Bundespräsidenten Herzog gegründet, um die Stimmung der Bevölkerung zu verbessern und eine Aufbruchstimmung zu erzeugen. Zum Initiativkreis gehören Lothar Späth und Renate Köcher. Schirmherr der Kampagne ist Roman Herzog. „Marke Deutschland“ trat 2002 hervor und ist eine Initiative von Werbeagenturen. Diese möchten die deutsche Bevölkerung über den Reformbedarf aufklären und zu einem Selbstbild verhelfen, das tatkräftig, zupackend und vorwärts gerichtet ist. Deutschland soll als Marke präsentiert und veränderungswillig gemacht werden. Im Frühjahr 2003 ist der „Bürgerkonvent“ an die Öffentlichkeit getreten. Er will den Reformwiderstand der Bevölkerung brechen. Er wirbt dafür, den Staat auf seine Kernkompetenzen zurückzuführen und die private Verantwortung zu stärken. Das

Rentensystem soll auf eine niedrige steuerfinanzierte Grundsicherung abgesenkt werden. Die der CDU nahe stehenden Konventsmitglieder kritisieren auf der Welle der Parteienschelte und der Politikverdrossenheit die etablierten politischen Akteure und insbesondere die Parteien. Neben Meinhard Miegel werden dem Konvent Hans-Olaf Henkel, Roland Berger und Otto Graf Lambsdorff zugerechnet. Der jüngste Protestkreis hat sich mit einer wirtschaftlichen und vor allem politischen Stoßrichtung unter dem Namen „Konvent für Deutschland" gebildet. Die Mitglieder Herzog, Berger, Henkel, von Dohnanyi, Glotz, Metzger und Graf Lambsdorff beabsichtigen, die Blockaden des föderalen Systems und die dringend notwendige Neuordnung des demokratischen Systems zu thematisieren.

Einseitige Schuldzuweisungen

Dass die geringe Lernfähigkeit jener Propheten, die im Widerspruch zu empirischen Beobachtungen ihre marktradikal wirtschaftsliberale Bekenntnisse aufrechterhalten, für die wirtschaftliche Krise mitverantwortlich ist, dass die politischen Entscheidungsträger, die ihnen gefolgt sind, nicht zur Beseitigung sondern zur Verschärfung der Arbeitslosigkeit beigetragen haben, dass die Konzernchefs sich in schwerwiegenden Entscheidungen der Fusion und Finanzierung von Unternehmen vergriffen haben, wird in der Öffentlichkeit nicht sonderlich registriert. Umso stärker werden sechs einseitige Schuldzuweisungen formuliert, die an Personen oder Institutionen gerichtet sind, denen die erstrangige Verantwortung für die Beschäftigungskrise zugeschoben wird.

Die erste Schuldzuweisung richtet sich an die Arbeitslosen selbst. Die Massenarbeitslosigkeit ist danach das Ergebnis eines millionenfachen individuellen Versagens. Sie seien nicht arbeitswillig. Sie folgten einem rationalen Kalkül, indem sie den Ertrag eines regulären Arbeitsverhältnisses mit den Alternativkosten des Verlustes an Sozialleistungen, Freizeit, möglicher Schattenarbeit und wahrscheinlichem Nebenerwerb verrechnen. Oder sie sind nicht arbeitsfähig. Das Risiko, arbeitslos zu werden und vor allem zu bleiben, ist nämlich umso höher, je geringer die Arbeitsuchenden qualifiziert sind. Daraus wird einfach gefolgert, dass jede Weiter- und Höherqualifizierung nicht nur das individuelle Arbeitsplatzrisiko, sondern auch die Zahl der Arbeitslosen verringert.

Die zweite Schuldzuweisung richtet sich auf den Arbeitsmarkt. Dieser sei überreguliert, verkrustet, zum „Kartell der Arbeitsplatzbesitzer“ verkommen. Er bilde die Schlüsselgröße, um die strukturelle Wachstumsschwäche zu erklären. Dass der Arbeitsmarkt ein abgeleiteter Markt ist, der sich belebt, sobald die Nachfrage auf den Gütermärkten stark geworden ist, wird meist verschwiegen.

Die dritte Schuldzuweisung richtet sich an die Gewerkschaften. Sie widersetzten sich der vollständigen Deregulierung des Arbeitsmarktes, der Lockerung des Arbeits- und Kündigungsschutzes, der totalen Freigabe der Ladenöffnungszeiten sowie der Flexibilisierung der individuellen Arbeitszeit. Und sie weigerten sich, eine beschäftigungsorientierte Tarifpolitik gegenüber ihren Mitgliedern zu vertreten.

Inzwischen geht die vierte Schuldzuweisung an die frühere Bundesanstalt für Arbeit. Hohe Arbeitslosigkeit sei vorrangig ein Problem unzulänglicher Vermittlung. Die neu erstandene Agentur setzt daher auf die individuelle Vermittlung. Während der Druck auf die Arbeitslosen gesteigert wird, damit sich deren Motivation verbessert, erhalten die Vermittler finanzielle Anreize, um das Zahlenergebnis zu verbessern, das den Erfolg ihrer Vermittlung anzeigt. Die zusätzlich geschaffenen Stellen bieten eine Chance, die betriebswirtschaftlichen Steuerungsmodelle an qualifizierten Angestellten eines modernen Dienstleisters zu testen, selbst wenn die Wende auf dem Arbeitsmarkt und in der Binnenwirtschaft auf sich warten lässt. Derzeit überwiegen noch die Turbulenzen in den Regionalstellen, die Demotivation der Mitarbeiter sowie die Vorahnung des Scheiterns der Umstellung.

Die fünfte Schuldzuweisung geht an die Kommunen. Sie werden inzwischen verdächtigt, Brückenköpfe des zivilen Widerstands gegen eine effiziente Arbeitsmarkt- und Sozialpolitik zu sein, indem sie arbeitsfähige Sozialhilfeempfänger zwischen der Kommunal- und Arbeitsverwaltung pendeln lassen, um Ausgaben zu vermeiden und Kosten auf den jeweils anderen Träger abzuwälzen. Die organisatorische Zusammenlegung von Arbeitslosen- und Sozialhilfe soll dies künftig verhindern.

Der Sozialstaat nimmt sechstens unter den Schuldzuweisungen eine prominenteste Rolle ein. Er gilt generell als Verursacher der Massenarbeitslosigkeit und der Wachstumsschwäche. „Der Sozialstaat heutiger Prägung hat sich übernommen" erklärte Bundespräsident Horst Köhler bei seiner Antrittsrede. Selbst prominente Katholiken machen sich zum Sprachrohr, das den Sozialstaat beschimpft, den sie aus der Perspektive Außenstehender, die ihn entbehren können, allerdings verzerrt wahrnehmen: Er sei auf Fragen der Verteilungsgerechtigkeit, nämlich auf die Umverteilung materieller Güter und finanzieller Ressourcen fixiert. Er habe die Kräfte der Solidarität und Eigenverantwortung geschwächt. Aus einer ursprünglichen Absicherung Benachteiligter gegen die Risiken der Armut und Not sei er zu einem undurchschaubaren Dickicht von Transferleistungen und zu einem überzogenen Anspruch geworden, eine immer komfortablere Normalität herzustellen. Er überfordere sich selbst, indem er vortäuscht, alle Bereiche menschlicher Lebensgestaltung regeln, ordnen und organisieren zu können. Er habe die Grundlagen gesellschaftlicher Solidarität ausgezehrt, die Bereitschaft zu anderen Solidaritäten untergraben, die Solidarität in der Familie und die Bereitschaft zum Kind eher geschwächt als gestärkt.

In der Verteidigung der Agenda steht die rot-grüne Koalition offenbar nicht auf verlorenem Posten oder auf einer einsamen Insel. Ein überwältigendes Heer öffentlicher Meinungsmacher eilt ihr im Feldzug gegen den Sozialstaat voraus, stärkt ihr den Rücken und feuert sie an, standfest zu bleiben.

3. Trenderklärungen

In fast keinem Medienbeitrag und keiner politischen Stellungnahme zur sozio-ökonomischen Krise in Deutschland fehlt der Hinweis auf zwei Megatrends, die alle gewohnten Denkmuster und sozialen Errungenschaften auf den Prüfstand zwingen – die demographische Entwicklung und die Globalisierung. Dies ist auch bei der Begründung der Agenda 2010 der Fall. Aber welchen Erklärungswert haben solche Trendbeschreibungen? Welche politischen Schlussfolgerung sind aus der demographischen Entwicklung zu ziehen? Wie lässt sich die Herausforderung der so genannten Globalisierung präzisieren?

Große Erzählungen

Trendtheorien sind große Erzählungen. In der Regel beschreiben sie eine Tendenz von säkularer also sehr langer Dauer. Sie folgen einem ziemlich eindeutigen Verlauf, weil sie vorwiegend durch eine einzige oder durch äußerst wenige unabhängige Variablen definiert sind. Derzeit berufen sich viele auf die „Theorie der langen Wellen" von Nikolai D. Kondratieff (1892–1938). Nach diesem Entwicklungsmodell kommt es alle 30 bis 50 Jahre zu einer Basisinnovation. Bisher waren dies: Dampfmaschine und Baumwolle (K1), Stahl und Eisenbahn (K2), Elektrotechnik und Chemie (K3), Petrochemie und Automobil (K4), Informationstechnik und Computer (K5). Die Vertreter der „neuen Wirtschaft" Mitte der 1990er sahen sich als Träger einer technischen Revolution, die sie zwischen der fünften und einer möglichen sechsten Welle ansiedelten. Angela Merkel sieht in der bevorstehenden Bio- und Nanotechnologie eine sechste Kondratieff-Welle kommen.

Andere orientieren sich an der Entwicklungstheorie von Jean Fourastié, der eine Gesellschaft durch die jeweils vorherrschende Form der Güterherstellung zu typisieren versucht. Die Agrargesellschaft war dadurch charakterisiert, dass der weit überwiegende Teil der Bevölkerung in der Landwirtschaft beschäftigt war, um die Nahrungsmittel zu erwirtschaften, die für das Überleben unverzichtbar waren. Sie wurde durch die Industriegesellschaft als zweite Stufe abgelöst, die in der Lage war, die Arbeitnehmerinnen und Arbeitnehmer, die durch den Produktivitätszuwachs in der Landwirtschaft frei gesetzt wurden, zu absorbieren und mit ihnen jene materiellen Güter herzustellen, die überwiegend den Wohlstand der modernen Industriegesellschaften ausmachen. Die große Hoffnung des 20. Jahrhunderts sah Fourastié in der „Tertiarisierung" der Gesellschaft, da ein explosiver Produktivitätszuwachs in der Industrie Arbeitskräfte freisetzt, die im tertiären Sektor das Angebot und die Nachfrage nach unternehmens-, haushalts- und personennahen Dienstleistungen tragen werden.

Faszinierend an den Trendtheorien ist, dass sie eine plausibel klingende Richtung angeben, in die gesellschaftliche Prozesse steuern. Meistens handelt es sich jedoch um geschichtsphilosophische Konstruktionen, die einen angeblich kausalen oder finalen Motor technischer, ökonomischer oder biologischer Veränderungen bezeichnen, dem gesellschaftliche Triebkräfte hinterherhinken. Analytisch anspruchsvollere Theorien sehen in technischen Veränderungen, ökonomischen Produktionsbedingungen und biologischen Entwicklungen unabhängige Variablen, denen die gesellschaftlichen Veränderungen als abhängige Variablen zugeordnet sind. Dabei wird jedoch oft übersehen, wie sehr die angeblich unabhängigen Veränderungen in gesellschaftliche Prozesse eingebettet sind. Für die Analyse von Wechselwirkungen zwischen den genannten Trendvariablen und den gesellschaftlichen Prozessen werden nur grobmaschige Kategorien angeboten. Es fehlt eine Erklärung dafür, warum und unter welchen Voraussetzungen gesellschaftliche Prozesse und Strukturen die technischen, ökonomischen und biologischen Ereignisse verstärken oder blockieren. Das Erreichen eines Wendepunkts, die so genannte Trendwende wird erst im Nachhinein erkannt, wenn ein Trend durch einen anderen abgelöst ist und eine veränderte Qualität der Gesellschaft registriert ist. Politiker, die sich auf solche Trends berufen, tun dies in der Regel, um zu bekräftigen, dass politische Entscheidungsträger und gesellschaftliche Akteure keine andere Wahl haben, als sich ihnen anzupassen. Die „demographische Entwicklung" und die „Globalisierung", die zur Begründung der Agenda 2010 herangezogen werden, sind solche großen Erzählungen oder Trendlegenden. Sich ihnen politisch anzupassen, dazu gebe es keine Alternative, behaupten die Vertreter der Agenda.

Demographische Entwicklung

„Deutschland vergreist, doch Politiker und Experten tun sich schwer, die nun erforderlichen richtigen Konsequenzen zu finden". So titelte die Süddeutsche Zeitung Ende Mai 2003 eine Reportage. Unter der Überschrift „Die vergreiste Republik" erklärte das Magazin Stern, dass immer weniger Junge für immer mehr Alte sorgen müssten und dass unser ganzer Staat zusammenbreche, wenn wir nichts ändern. Der Spiegel folgte mit der Schlagzeile: „Der letzte Deutsche. Auf dem Weg zur Greisenrepublik". In diesen Aufschrei der Medien stimmte ein von der Deutschen Bischofskonferenz später übernommenes Impulspapier ein, das eine Prominentengruppe aus Professoren, CDU-Politikern und Unternehmern verfasst hatte: Ohne Kinder keine Zukunft, keine Innovationskraft für die Wirtschaft und keine sichere Altersversorgung. Der Anlass für die öffentlichen Alarmrufe war die im Juni 2003 veröffentlichte 10. koordinierte Bevölkerungsvorausberechnung des Statistischen Bundesamts. Journalisten waren sich darin einig, dass die Ursache, weshalb ein Volk sich binnen weniger Jahrzehnte selbst auslöscht, indem es auf Fortpflanzung verzichtet, im Anspruchsdenken zu suchen sei, das den Wohlstand und das Glück des Einzelnen über das Gemeinwohl stelle. Die katholischen Experten machten den komfortablen Sozialstaat dafür verantwortlich, die familiäre Solidarität zu untergraben, sich von der Nachwuchsförderung als hochrangiger sozialpolitischer Aufgabe zu verabschieden und den Verzicht auf Kinder zu begünstigen. Was zu tun sei, war ebenfalls nicht umstritten: Die dramatische Alterung der deutschen Bevölkerung stelle die bisherigen sozialen Sicherungssysteme in Frage. Sie mache eine Halbierung des Rentenniveaus notwendig. Jetzt dürften schmerzhafte Anpassungen in den Sozialsystemen nicht verpasst werden. Die Veränderungen müssten radikaler ausfallen als in der Agenda 2010 vorgesehen. Auch die in der Agenda vorgesehenen Einschnitte in das soziale Netz waren bereits mit der dramatischen demographischen Entwicklung begründet worden.

Dass die deutsche Bevölkerung älter wird und schrumpft, ist unbestritten. Dafür, dass sich der Altersaufbau der Bevölkerung verändert, werden in der Regel zwei Gründe angegeben: die steigende Lebenserwartung und die auf niedrigem Niveau stagnierende Geburtenrate. Der Altenquotient, das Verhältnis der nicht mehr erwerbsfähigen Bevölkerung zur erwerbsfähigen Bevölkerung, steigt. Während 2001 das Verhältnis der über 60-Jährigen zu den 20- bis 60-Jährigen 44 betrug, wird es bis 2050 den Wert 78 erreichen und um etwa drei Viertel gestiegen sein. Aus dieser Erkenntnis sind scheinbar zwei Schlussfolgerungen zwingend: Die höhere Lebenserwartung der Menschen legt nahe, das Renteneintrittsalter zu verlängern. Und die abnehmende Zahl der Beitragszahlenden legt nahe, den Anteil der privaten Vorsorge an der Alterssicherung zu erhöhen. Allerdings widerspricht der erste Vorschlag der gegenwärtigen Praxis der Unternehmen, die nur noch zum geringeren Teil ältere Mitarbeiter beschäftigen. Der zweite Vorschlag ist schwer vereinbar mit der geringen Sparfähigkeit der Haushalte im unteren Einkommensbereich, die eine staatliche Sparförderung normalerweise nicht erreicht.

Wieso erregen sich wirtschaftliche und politische Führungseliten über die Alterung und Schrumpfung der deutschen Bevölkerung, die seit längerem absehbar ist? Vermutlich sind sie infiziert von der Euphorie über die „Neue Wirtschaft", die sich in den USA zu Beginn der 1990er Jahre ausgebreitet hat, als junge dynamische Unternehmer mit dem Spielmaterial der neuen Technik die Kapitaleigner in ihren Bann zogen. Sie folgern daraus, dass die Wirtschaft eines Landes auf einen festen Anteil an 20- bis 35-Jährigen angewiesen ist, damit sie sich dynamisch entwickelt und sich im globalen Wettbewerb behaupten kann. Nachdem jedoch die spekulativen Höhenflüge beendet sind, wird nüchtern festgestellt, dass eine leistungsfähige Wirtschaft sowohl die Charaktermerkmale junger Leute, nämlich Kreativität und Risikofreude als auch die Urteilskraft und Weisheit der Älteren braucht.

Bevölkerungsexperten versuchen, die aktuelle Erregung zu relativieren. Sie weisen darauf hin, dass die Konzentration auf den Altenquotient einseitig ist, weil die Erwerbstätigen sowohl die nicht mehr erwerbstätigen Alten als auch die noch nicht erwerbstätigen Jungen zu versorgen haben. Die Orientierung am Gesamtquotienten, der Summe aus Alten- und Jugendquotienten, würde zeigen, dass die zusätzliche Belastung der Gesellschaft weniger dramatisch ausfällt, als es die Veränderung des Altenquotienten nahelegt. Denn der Gesamtquotient verändert sich von 82 (2001) auf 112 (2050), steigt also um etwas mehr als ein Drittel. Außerdem zeigen die Experten, dass der demographische Wandel nichts Neues sei. In den vergangenen hundert

Jahren hat sich die Lebenserwartung der deutschen Bevölkerung verdoppelt. Zu Beginn des 19. Jahrhunderts lag die Geburtenrate bei 4,5 Kindern pro Frau, derzeit beträgt sie 1,35. Und zu Beginn des 20. Jahrhunderts standen zwölf erwerbsfähige Personen im Alter von 15 bis 65 Jahren einer Person über 65 Jahre gegenüber, 1950 waren es sieben, 2000 waren es vier und 2040 werden es zwei sein. Danach stabilisieren sich die Verhältnisse.

Die Trenddiskussion über die demographische Entwicklung führt auf eine Nebenarena, weil nicht die biologische Zusammensetzung der Bevölkerung über die wirtschaftliche Leistungsfähigkeit eines Landes entscheidet, sondern Wachstumschancen und produktiv arbeitende Erwerbstätige. Nicht das Verhältnis der Rentner und Rentnerinnen zur erwerbsfähigen Bevölkerung spielt die entscheidende Rolle, sondern deren Verhältnis zu den tatsächlich Erwerbstätigen. Aber weder der Beschäftigungsgrad noch die Zahl der tatsächlich geleisteten Arbeitsstunden allein bestimmen die Leistungsfähigkeit einer Wirtschaft. Entscheidend ist die wirtschaftliche Leistung, die in dieser Zeit erbracht wird, also die Produktivitätsrate. Derzeit wird infolge der Massenarbeitslosigkeit das Erwerbspersonenpotential nicht voll ausgeschöpft. Deshalb betrug 2001 die realistische Versorgungslast der Erwerbstätigen, also der Gesamtquotient nicht 82, sondern 96,5. Könnte bis zum Jahr 2010 Vollbeschäftigung hergestellt werden, würde der Gesamtquotient auf 81 sinken und bis 2050 bei Vollbeschäftigung wieder auf 114 ansteigen. Falls sich zusätzlich das Renteneintrittsalter bis auf 65 Jahre erhöhen ließe, würde der Gesamtquotient bis 2050 nur auf 84 ansteigen. Die entscheidende Variable ist also das Wachstum der Nachfrage und der Produktivität. Die Herzog-Kommission unterstellt eher vorsichtig für den gesamten Projektionszeitraum ein jährliches Wachstum der Arbeitsproduktivität von durchschnittlich 1,25 Prozent, in der Rürup-Kommission werden 1,8 Prozent angenommen. Demnach würde jeder Erwerbstätige im Jahr 2050 real etwa doppelt so viel erwirtschaften, und das Realeinkommen pro Kopf würde sich etwa verdoppeln. Da die Arbeitsproduktivität um 100 Prozent wächst, der Gesamtquotient dagegen nur um 37 Prozent, würde die Mehrbelastung der Erwerbstätigen durch die Wachstumsrate ihrer Arbeitsproduktivität kompensiert.

Derartige Annahmen sind realistisch, weil sie mit den Erfahrungen der Vergangenheit übereinstimmen. Auch bisher wurden die steigende Lebenserwartung und die sinkende Geburtenrate durch hohe Wachstumsraten, einen hohen Beschäftigungsgrad und eine steigende Produktivität kompensiert. Die Menge der hergestellten Güter ließ sich in den vergangenen dreißig Jahren verdreifachen, während das gesellschaftliche Arbeitsvolumen um ein Fünftel sank. Vor 150 Jahren waren 80 Prozent der Erwerbstätigen in der Landwirtschaft beschäftigt, während es heutzutage 2 bis 4 Prozent sind. Damals mussten neun Bauern einen Nichtbauern mit ernähren, während heutzutage ein Bauer 88 Nichtbauern mit versorgen kann. Die Arbeiter von Volkswagen in Wolfsburg stellen den Golf in 32 Stunden her, den Polo in 16 Stunden, den Lupo in acht Stunden. Dieser Produktivitätsschub wurde in zehn Jahren realisiert. Die Leistungskraft einer Wirtschaft und die Finanzierung sozialer Sicherungssysteme hängen also nicht zuerst von der Altersstruktur der Bevölkerung ab, sondern davon, dass die Zahl der Erwerbstätigen erhöht, zusätzliche Märkte erschlossen und weitere Produktivitätsreserven ausgeschöpft werden. „Mehr Kinder“ allein macht weder ökonomisch noch gesellschaftlich einen Sinn, solange Jugendliche nach der Schule keinen Ausbildungs- und Arbeitsplatz finden und fachlich kompetente Hochschulabsolventen hundert Bewerbungen schreiben und ebenso viele Absagen erhalten. Die Debatte über die solidarische Alterssicherung auf die demographische Entwicklung zu verengen, bedeutet auf eine Trendlegende und einen naturalistischen Fehlschluss hereinzufallen.

Globalisierung

Ein beispielloser Globalisierungsdruck verlangt angeblich von den Deutschen, dass sie ihren Gürtel enger schnallen. Denn seit Jahren leben sie weit über ihre Verhältnisse. Wenn die bürgerliche politische Elite von den Deutschen, von „uns", die „wir alle" in einem Boot sitzen, eine Anpassung an die Globalisierung verlangt, dann meint sie in erster Linie die abhängig Beschäftigten. Die deutschen Arbeitnehmer hätten die kürzeste Wochenarbeitszeit, die meisten Feiertage und den längsten Jahresurlaub. Die als selbstverständlich erachteten sozialen Besitzstände, nämlich hohe Löhne, Sozialleistungen, Betriebsverfassung, Tarifverträge und Mitbestimmung würden dem Globalisierungsdruck, dem die deutsche Wirtschaft ausgesetzt sei, nicht mehr standhalten.

Ist Globalisierung eine Zauberformel, ein Druckmittel im Verteilungskampf oder eine harte Tatsache? Um den Begriff zu präzisieren, ist eine Prüfung des Standorts hilfreich, von dem aus die Globalisierung beurteilt wird. So lautet das Urteil bolivianischer Campesinos oder ihrer Regierung über die hohe Auslandsverschuldung und die geplanten Gaslieferungen des Landes an einen privaten ausländischen Konzern, die als ungleiche Verträge zustande gekommen sind, anders als das Urteil eines Vorstandsmitglieds der Deutschen Bank, der meint, die Weltmarktintegration sei der kürzeste und wirksamste Weg zu wirtschaftlichem Wohlstand und menschlicher Entwicklung. Ein Einzelunternehmer der Textilindustrie in Deutschland, der durch ein Unternehmen in Ungarn vom Markt für standardisierte Produkte verdrängt wird, die mit gering qualifizierten Arbeitskräften hergestellt werden, empfindet sich von einem „globalen" Wettbewerbsdruck betroffen, dem er und seine Belegschaft nicht gewachsen sind. Repräsentanten eines neu industrialisierten Schwellenlandes in Lateinamerika kritisieren das widersprüchliche Verhalten der Industrieländer, die private

Geschäftsbanken dazu angeregt haben, ihnen Kredite zu geben, die sie mit Exporterlösen begleichen könnten, gleichzeitig jedoch die eigenen Märkte gegen die Exporte abriegeln. So versteht die Mehrheit der Bevölkerung des weltwirtschaftlichen Südens „Globalisierung“ als ihre expansive Überformung durch das westliche Zivilisationsmodell. Die Industrieländer üben einen „Globalisierungsdruck“ auf die „kolonisierten“ Länder des weltwirtschaftlichen Südens aus. Aus der Sicht deutscher Manager, Politiker und Belegschaften meint „Globalisierung“ die Rückwirkung jener Expansion, die von den Industriewirtschaften ausgegangen und in die Entwicklungsländer eingedrungen ist, nämlich die zunehmende Weltmarktintegration und Wettbewerbsfähigkeit neu industrialisierter Schwellenländer sowie der verschärfte Anpassungsdruck, den sie auf einzelne Unternehmen, Branchen und Regionen in Industrieländern ausüben. Ein reaktiver „Globalisierungsdruck“ der Schwellenländer an der Peripherie der Weltwirtschaft ist inzwischen dem aktiven Globalisierungsdruck weltwirtschaftlicher Zentren gefolgt.

„Globalisierung“ als grenzüberschreitende wirtschaftliche Aktivität ist auf eine relativ kleine Zahl von Ländern konzentriert. Der größere Teil der Weltbevölkerung ist davon ausgeschlossen. Die globale Konzentration drückt sich in einem Uniformitätsdruck aus. Sie zeigt sich beispielsweise darin, dass von den 5000 Sprachen, die in der Welt existieren, nur 100 den modernen Ansprüchen gewachsen sind, indem sie sich verschriftlichen lassen und in den Informations- und Kommunikationstechniken behaupten. Die zwölf international gebräuchlichen Sprachen sind mehrheitlich europäischen Ursprungs. Der Schub der Informations- und Kommunikationstechnik seit Mitte der 1990er Jahre ist nicht gleich gestreut. Das Internet, das als demokratisches Weltmedium gilt, bleibt einer relativ kleinen Minderheit der Weltbevölkerung vorbehalten. Die geographische Verteilung der High-Speed-Zugänge, der Fernsehsender und der innovativsten Industrien deckt sich mit der Verteilung der Einkommen und ist auf die USA, auf Europa und Südostasien konzentriert. Die Auslandsreisen in der Welt konzentrieren sich auf sechs Großräume und 50 Städte, Vergnügungsparks, Natur- und Kulturdenkmäler, Bade- und Wintersportorte. Das Ziel von 80 Prozent aller Inselurlauber sind zwölf Inseln. Die Konzentration unter den Luftfahrtkonzernen hat fünf strategische Allianzen übrig gelassen, die aus den USA und Europa stammen. Der Weltmarkt der Bilder und Informationen wird von sechs Großkonzernen beherrscht, die ihren Sitz in den USA, Europa und in Japan haben. Wechselnde Bündnisse sichern die Kontrolle über die digitalen Plattformen in aller Welt und den Zugang zu den Satellitendiensten.

Der *Welthandel* ist zu 80 Prozent Warenverkehr, zu 20 Prozent und mit steigender Tendenz Dienstleistungsverkehr. Beim Warenverkehr erzielen die wissensintensiven Produkte der Pharma-, Informationstechnik- sowie der Luft- und Raumfahrtindustrie ein überdurchschnittliches Wachstum. Die internationale Handelsverflechtung ist nicht global. Zum einen werden nur 20 Prozent der Güter international gehandelt. Zum andern sind nur 30 Prozent der Weltbevölkerung, davon 10 Prozent der Bevölkerung der Entwicklungsländer direkt in die Weltwirtschaft integriert. 75 Prozent des Welthandels werden von 22 Ländern bereit gestellt. Drei Viertel des Welthandels konzentrieren sich – mit wachsender Tendenz – auf die so genannte Triade, nämlich die drei Regionen Nordamerika, Westeuropa und Südostasien. Der Handel zwischen diesen Handelsblöcken ist vorwiegend ein Austausch mit Gütern der Hochtechnik und der mittleren Technik, ein Tausch ähnlicher Gütervarianten oder qualitativ unterschiedlicher Güter innerhalb derselben Branchen und nicht zwischen verschiedenen Branchen. Dieser Handel verzeichnet überdurchschnittliche Wachstumsraten. Zwei Drittel des Warenhandels der OECD-Länder bzw. Westeuropas verlaufen innerhalb dieser Region.

In Südostasien werden mehr als 50 Prozent des grenzüberschreitenden Handels innerhalb der Region abgewickelt. Demgegenüber sind die Anteile der rohstoffexportierenden Länder des weltwirtschaftlichen Südens am Welthandel unbedeutend und sinken tendenziell. Die realen Austauschverhältnisse zwischen ihren Exporten und Importen verschlechtern sich. Für die von ihnen benötigten Industriewaren müssen sie immer mehr Nahrungsmittel und Rohstoffe liefern.

Für die deutsche Wirtschaft heißt Globalisierung vor allem Europäisierung. Denn der deutsche Außenhandel ist zu 60 bis 70 Prozent ein Güteraustausch mit den westeuropäischen Industrieländern. Die Wettbewerbsposition gegenüber diesen Ländern ist durch ein ähnliches Sortiment, insbesondere durch qualitativ profilierte Produkte und Produktionsverfahren im Bereich der Hochtechnik gekennzeichnet. Schwächen und Stärken in verschiedenen Segmenten dieser Technik, etwa der Mikro- bzw. Unterhaltungselektronik oder des Umweltschutzes halten sich mehr oder weniger die Waage. Der neuerlich registrierte Rekord eines Handelsbilanzüberschusses, der Deutschland an die Stelle der größten Welthandelsnation vor den USA aufrücken lässt, widerlegt die wiederholten Klagen über einen Globalisierungsdruck, der auf der deutschen Wirtschaft als ganzer lastet.

Ausländische Direktinvestitionenumfassen erstens reale Investitionen, den Aufbau und die Verlagerung ganzer Produktionsstätten, zweitens strukturelle Veränderungen in der Betriebstechnik und Arbeitsorganisation, drittens Fusionen und Übernahmen von Unternehmen und viertens Finanzanlagen, wenn die Beteiligung an einem Unternehmen mehr als 10 Prozent beträgt. Die ausländischen Direktinvestitionen der Industrieländer bilden ebenso wie die Direktinvestitionen deutscher Unternehmen im Ausland nur einen verschwindenden Teil ihrer Bruttoinvestitionen. Sie werden zu 80 bis 90 Prozent in entwickelten Industrieländern getätigt und deutsche Direktinvestitionen gehen zu mehr als 60 Prozent in westeuropäischen Länder. Sie haben die gleichen Zielländer wie die Warenexporte, auch wenn sie überdurchschnittlich im Dienstleistungssektor angestiegen sind. Bloß ein kleiner Prozentsatz von ihnen entfällt auf Steueroasen bzw. auf Niedriglohnländer mit geringen Sozial- und Umweltstandards sowie niedriger Regelungsdichte. Sie sind zum einen die Begleiterscheinung eines Exportüberschusses, um die Leistungsbilanz auszugleichen, zum anderen ein Ersatz für den Export, um protektionistischen Maßnahmen zuvorzukommen.

Die *transnationalen Unternehmen* wickeln zwei Drittel des Welthandels ab. Ein Drittel davon ist konzerninterner Handel – mit wachsender Tendenz. Die konzerninternen Umsätze sind doppelt so groß wie der gesamte Weltexport. Die Form der internationalen Arbeitsteilung ist durch die internen Strukturen weltweit operierender Unternehmen und deren Bedürfnisse bestimmt. Die Strategie einer „Internationalisierung der Produktion" weltweit operierender Konzerne ist in mehreren Schüben Mitte der 1970er Jahre, dann seit Mitte der 1980er Jahre und seit 1993 mit der Vollendung des europäischen Binnenmarkts propagiert worden. Von den 100 größten transnationalen Unternehmen sind 53 aus Europa und 23 aus den USA.

Bei der Internationalisierung der Produktions- und Wertschöpfungsketten sind zwei Tendenzen zu unterscheiden: Entweder werden homogene Produkte mit standardisierten Produktionsverfahren für die ganze Welt angestrebt (Weltauto), die Entscheidungsprozesse sind stark konzentriert, die Entscheidungsregeln orientieren sich an den Kostenvorteilen der jeweiligen nationalen Standorte, die Produktionsstätten und Betriebseinheiten führen die zentral gefällten Entscheidungen aus. Diese Strategie ist in den 1970er Jahren vorwiegend von japanischen Unternehmen gewählt worden. Oder eine differenzierte, innovative Produktpalette ist stärker an den Besonderheiten regionaler Märkte orientiert. Die Konzernstruktur ist dezentralisiert. Der Konzern wird wie ein Netzwerk teilautonomer Betriebsteile, die über eine hohe marktnahe regionale Kompetenz verfügen, organisiert. In beiden Strategien müssen die Vor- und Nachteile der Integration und Ausdifferenzierung, der Schnelligkeit globaler Entscheidungsprozesse und der Beteiligung regionaler Entscheidungsträger in der Nähe des Marktes ausbalanciert werden.

Ist die Arbeitslosigkeit in Deutschland durch die Lohnkonkurrenz osteuropäischer Länder verursacht? Immerhin betragen die Löhne in Polen nur ein Siebtel dessen, was in Deutschland gezahlt wird. Sind also längere Arbeitszeiten ohne Lohnausgleich notwendig, damit die Deutschen konkurrenzfähig bleiben? Lässt sich auf diese Weise der Prozess der notwendigen Strukturanpassung, der auf die Dauer nicht aufzuhalten ist, wenigstens um ein oder zwei Jahre verzögern? Bei einem Urteil über die zu hohen Löhne in Deutschland muss die Produktivität berücksichtigt werden, die von den Beschäftigten in Deutschland erbracht wird. Wenn die realen Kosten und Erträge der Arbeit aufeinander bezogen werden, ergeben sich die realen Lohnstückkosten. Die haben sich nun in Deutschland günstiger entwickelt als in den anderen europäischen Ländern und in den USA. Der Konkurrenzdruck im Niedriglohnbereich, den die „Reformstaaten" in Mitteleuropa auf einzelne Unternehmen, Branchen und Regionen ausüben, hat für die deutsche Wirtschaft ein nur nachrangiges Gewicht. Erstens sind im Rahmen der internationalen Arbeitsteilung seit dem Zweiten Weltkrieg bereits zahlreiche deutsche Wirtschaftszweige einem vergleichbaren Anpassungsdruck ausgesetzt gewesen und ins Ausland abgewandert, weil dort die Arbeitskosten niedriger waren. Hat etwa die Abwanderung der Spielwaren-, Uhren-, Schuh-, Bekleidungs- und Textilindustrie den Wohlstand in Deutschland ruiniert? Zweitens kann ein partikulärer „Globalisierungsdruck" nicht auf die ganze Wirtschaft hochgerechnet werden. Wollte die deutsche Wirtschaft sich auf eine Lohnkonkurrenz mit Niedriglohnländern einlassen, würde dies zu einer Dequalifzierung des Arbeitsvermögens in Deutschland führen. Schließlich sind die Auslagerung von Produktionsstätten und die Abwanderung von Unternehmen sowohl für das Land, aus dem ausgelagert wird, als auch für das Land, in das ausgelagert wird, vorteilhaft und mehren den Wohlstand. Der deutsche Export in die mitteleuropäischen „Transformationsländer" ist während der letzten Jahre überdurchschnittlich gestiegen, die Handelsbilanzen mit diesen Ländern waren bisher ausgeglichen und verzeichnen neuerdings sogar einen positiven Saldo. Und wenn ein spürbarer Arbeitsplatzexport in diese Länder stattgefunden hätte, dann wäre er von einer zusätzlichen Exportnachfrage nach deutschen Investitionsgütern, von zusätzlichen Einkommen und einem entsprechendem Kaufkraftzuwachs in diesen Ländern begleitet gewesen. Das schließt asymmetrische Wirkungen auf die Einkommensverteilung und den Arbeitsmarkt allerdings nicht aus, wenn der Auslagerung arbeitsintensiver Produktionsformen eine Exportnachfrage entspricht, die auf kapitalintensiv hergestellte Produkte gerichtet ist. Nun bewegt sich der Anteil der in Niedriglohnländer gelieferten deutschen Waren am Gesamtexport bei 10 bis 15 Prozent, das entspricht etwa 3 Prozent des Volkseinkommens. Ein Globalisierungsdruck auf die deutsche Wirtschaft als ganze folgt daraus nicht.

Die Slowakei z. B. lockt ausländische Unternehmen mit einem extrem niedrigen einheitlichen Steuersatz von 19 Prozent. Das klingt für deutsche Unternehmen wie eine Einladung ins Paradies. Aber nur für solche Unternehmen, die ihre Investitionsentscheidung einzig am Steuersatz orientieren. Nun sind die Kriterien, nach denen ein Unternehmen seine Investitionsentscheidungen trifft, nicht allein die Arbeitskosten, nicht einmal die Kosten insgesamt. Wichtiger sind die Innovation, der

Vertrieb, die Marktnähe und die Kundenwünsche. Dass ausländische Direktinvestitionen ins Land fließen, sobald die Steuern gesenkt werden, und dass sie anderswohin fließen, sobald die Steuern erhöht werden, ist empirisch nicht zu belegen. Wenn es so wäre, hätte man beobachten können, wie die ausländischen Direktinvestitionen den unterschiedlichen Steuervorteilen der Beitrittskandidaten auf dem Fuß folgen. Aber spielt nicht die heftige Konkurrenz der Nationalstaaten um die bessere Standortqualität den transnationalen Unternehmen eine fast erpresserische Macht zu? Sie können nämlich die Nationalstaaten dazu nötigen, die Löhne zu drücken, die Gewerkschaften in Schach zu halten, die Umverteilung zu begrenzen und ihnen Steuervorteile zu verschaffen. Andernfalls werden sie das Land verlassen und anderswo investieren. Aber ist ein Vergleich der Bundesrepublik mit VW oder Frankreichs mit Peugeot zutreffend? Konkurrieren zwei Staaten wie zwei Unternehmen? Selbst die Kennziffern, die der Standortentscheidung eines Unternehmens zugrunde liegen, mit deren Hilfe die Leistungsfähigkeit eines Unternehmens ermittelt wird, werden komplexer, je geringer die Rolle ist, die der kurzfristige Gewinn spielt. Aber selbst dieser lässt mehrere Varianten zu. Handelt es sich um den Halbjahres- oder um den Jahresgewinn? Geht es um den realen Unternehmenswert oder bloß um den Aktienkurs? Muss eine Rendite von 13 Prozent erwirtschaftet werden oder reichen 5 Prozent? Selbst die Orientierung an einem kurzfristig maximalen Gewinn ist kein eindeutiger Maßstab, der die Leistungsfähigkeit eines Unternehmens präzise bestimmt. Die Standortqualität eines Landes ist noch komplexer zu ermitteln als die Leistungsfähigkeit eines Unternehmens. Neben einem funktionsfähigen und kaufkräftigen Markt spielen der soziale Friede, das Rechtswesen, die öffentliche Infrastruktur, die Bildungschancen, der Zugang zur Gesundheitsversorgung, die natürliche Umwelt und das kulturelle Angebot eine gleichrangige Rolle. Die Qualität eines Landes wird von ökonomischen, gesellschaftlichen und politischen Leistungen bestimmt.

Globalisierung ist ein Zauberwort, das scheinbar alles erklärt und rechtfertigt. Als Trenderklärung bleibt sie diffus. Sie erklärt nicht die anhaltend hohe Arbeitslosigkeit in Deutschland und weder unmittelbar noch mittelbar die Finanzierungskrise der sozialen Sicherungssysteme. Zur Begründung der Agenda 2010 taugt sie nicht. Ebenso wie die demographische Entwicklung gehört sie dem Reich der politischen Legenden an.

4. Religion des Geldes

Globalisierung, so hat sich gezeigt, wird oft als politisches und ökonomisches Druckmittel benutzt, um politisches Versagen zu rechtfertigen oder um die Ohnmacht politischen Handelns zu bescheinigen. Bisher blieb noch eine ökonomische Sphäre ausgeklammert, die am ehesten den Zusatz „global" verdient, nämlich die der internationalen Finanzmärkte. Rolf-E. Breuer, der frühere Vorstandssprecher der Deutschen Bank, nannte sie einmal die „Fünfte Gewalt in der Demokratie".

Börsenfieber

Der Düsseldorfer Strafprozess gegen Manager der ehemaligen Mannesmann AG hat am Ende wie zu Beginn für Schlagzeilen in den Medien gesorgt. Die Bevölkerung reagierte empört. Zum einen über die strahlenden Siegerposen der Manager, noch bevor der Prozess überhaupt eröffnet war. Besonders skandalös wirkten die zum Victory-Zeichen gespreizten Finger des Vorstandsvorsitzenden der Deutschen Bank, der damit vielleicht nur seine Unsicherheit auf dem Parkett des Gerichtssaals zu überspielen suchte. Zum andern waren die Leute über die Höhe der Zahlungen empört, mit denen Vorstände und Aufsichtsräte sich aus der Wertschöpfung eines Unternehmens selbst bedienen und bei der feindlichen Übernahme des Unternehmens komfortable Abfindungen zuweisen. Sie finden den riesigen Abstand zwischen den Bezügen der Manager, die der Prozess offenlegt, und dem, was sie selbst als Lohn oder Gehalt verdienen, unfassbar. Und sie verurteilen das Verhalten einer Wirtschaftselite als raffgierig und stillos, die gleichzeitig den

Gesetzgeber und die Regierung dazu treibt, den Kranken Zuzahlungen abzuverlangen, das Arbeitslosengeld abzusenken und Sozialleistungen zu kürzen.

Der Mannesmann-Prozess hat das Selbstverständnis der Spitzenmanager über ihre gesellschaftliche Funktion ins Rampenlicht gerückt. Sie neigen offenbar dazu, das Unternehmen als Eigentum der Aktionäre zu begreifen und in erster Linie deren Interessen zu bedienen. Sie orientieren ihre Entscheidungen am Unternehmenswert und sind davon überzeugt, dass der Aktienkurs ein objektiver Gradmesser erfolgreicher Entscheidungen ist. Folglich finden sie es korrekt, erhebliche Gehaltsbestandteile an den Höhenflug von Aktienkursen zu koppeln und dabei angelsächsische Standards anzulegen. Die Ansprüche der Belegschaft treten hinter der Börsenlogik zurück. Für das Management zählt der Aktienkurs als Gradmesser von Gehaltszulagen, für die Belegschaft der realwirtschaftliche Erfolg. Es beunruhigt sie nicht, wenn sich die monetäre Sphäre von den realen Produktionsprozessen abkoppelt.

Der Mannesmann-Prozess in Düsseldorf war eine Art Nachbeben jener Turbulenzen, von denen die Aktienmärkte der USA unmittelbar vor der Jahrtausendwende befallen wurden. Es stellte sich heraus, dass der vorherige Börsenboom spekulative Blasen enthielt, die durch Buchhaltungstricks von Finanzkonzernen ausgelöst worden waren. Namhafte US-amerikanische Unternehmen hatten Verluste als Gewinne ausgewiesen oder bei auswärtigen Briefkastenfirmen versteckt und sich dabei renommierter Wirtschaftsprüfungsunternehmen als Komplizen bedient. Ihnen wurden Bilanzfälschungen vorgeworfen. Damit war das Vertrauen der Kapitaleigner ernsthaft beschädigt. Der Einbruch der Aktienkurse von Enron und Worldcom hat nach dem Bekanntwerden kreativer Manipulationen und Falschbuchungen ein Börsenkapital im Wert von 30 Mrd. und ein Aktienkapital im Wert von 150 Mrd. US-Dollar vernichtet.

Die Signalwirkung des Mannesmann-Prozesses liegt wohl nicht im Aufdecken krimineller Energie bzw. strafrechtlicher Tatbestände etwa der Manipulation von Urkunden, die als Entscheidungsunterlage dienten. Der Vorwurf der Untreue gemäß § 266 des Strafgesetzbuches wäre zu vage. Dessen Präzisierung im Sinn einer vorsätzlichen oder grob fahrlässigen Schädigung der Interessen der Aktionäre bzw. des Unternehmens, wie sie von der Rechtsprechung vorgenommen wurde, lässt sich schwer nachweisen. Der Vorwurf unangemessener Selbstbedienung setzt einen Maßstab voraus, der festlegt, was als angemessene Anerkennungsprämie zu gelten hat.

Der Mannesmann-Prozess weist aber auf die monetären Risiken und die Instabilität der Finanzmärkte hin. Dem Verfall der Aktienkurse und der Abwertung des Dollar im Jahr 2000 ging nämlich eine Euphorie voran, die von dem ungebremsten wirtschaftlichen Wachstum in den Vereinigten Staaten ausging. Die Euphorie war von drei Antriebskräften gespeist: Übersteigerte Erwartungen in die Informations- und Kommunikationstechnik hatten die Investitionstätigkeit der Unternehmen angeregt. Anziehende Börsenkurse hatten den Wert der Geldvermögen gesteigert und einen Schub privater Konsumnachfrage ausgelöst. Die „Neue Wirtschaft", die junge dynamische Unternehmer, neue Technologien und offene Kapitalmärkte miteinander kombinierte, versprach eine überdurchschnittliche, inflationsfreie Produktivitätsentwicklung und die steigenden Börsenkurse signalisierten ein ungewöhnliches Leistungspotential. Der hohe Beschäftigungsgrad, die niedrige Inflationsrate und eine wachstumsfreundliche Geldpolitik der Notenbank rundeten diese wirtschaftliche Erfolgsgeschichte ab.

Auch die Deutschen fühlten sich seit Mitte der 1990er Jahre im Börsenfieber. Der Anteil der Aktienvermögen am gesamten Geldvermögen in Deutschland war von 7 Prozent (1993) auf über 11 Prozent (2000) gestiegen. Die Börsen und Finanzmärkte wurden für junge Unternehmer, die sich in der

Informations- und Kommunikationstechnik als besonders kompetent darstellen konnten, zu einer Bühne zündender Ideen und kreativer Fantasie. Während um das erste Sparpaket der rot-grünen Koalition, das ein Volumen von 15 Mrd. Euro hatte, jahrelang gerungen wurde, war es nicht schwierig, für die feindliche Übernahme von Mannesmann durch Vodafone 120 Mrd. Euro zu mobilisieren. War die gesellschaftliche Dynamik von den politischen Entscheidungsträgern zu den Börsen und Finanzmärkten gewechselt?

Rätsel Geld

Geld sei das letzte Rätsel der Nationalökonomie, erklärte vor einiger Zeit ein namhafter Vertreter des Fachs. Seitdem die Menschen mit Geld umgehen, unterlassen sie es nicht, es gleichzeitig anzuhimmeln und zu verteufeln. Die Sakralisierung und Dämonisierung des Geldes zieht sich wie ein roter Faden durch die Geschichte der Religion, Literatur und Kunst. Die Dollarnote ist mit dem Bekenntnis versehen: „In God we trust“. Im Evangelium nach Lukas werden die Menschen dagegen in die Entscheidung gerufen: „Kein Sklave kann zwei Herren dienen; er wird entweder den einen hassen und den andern lieben, oder er wird zu dem einen halten und den andern verachten. Ihr könnt nicht beiden dienen, Gott und dem Mammon.“ Mammon wird in der Bibel zur Bezeichnung des unredlich erworbenen Vermögens, des Schmiergelds, einer Gesinnung von Ausbeutung, Gewalt und Unrecht gebraucht. In zahlreichen Gleichnissen warnt Jesus vor der Gefahr des Reichtums: Zwischen dem reichen Mann und dem armen Lazarus klafft ein unendlicher Abgrund. Wem wird all das gehören, was der reiche Mann in seinen Scheunen angehäuft hat, wenn Gott in dieser Nacht sein Leben zurückfordert? Eher geht ein Kamel durch ein Nadelöhr, als dass ein Reicher in das Reich Gottes gelangt.

In einem Fragment Walter Benjamins findet sich die Deutung des Kapitalismus als Religion. Die Kennzeichen einer Religion treffen auf den Kapitalismus zu, weil dieser der Befriedigung derselben Sorgen, Qualen und Unruhen dient, auf die ehemals die so genannten Religionen eine Antwort gaben. Für die religiöse Struktur des Kapitalismus sind nach Benjamin vier Züge erkennbar: Der Kapitalismus ist eine reine Kultreligion – ohne spezielle Dogmatik und Theologie. Er zelebriert einen Kult von permanenter Dauer; es gibt keinen Wochentag. Dieser Kult ist verschuldend; es gibt keine Umkehr, bloß ausweglose Steigerung von Armut, Angst und Verzweiflung. Der Gott dieser Religion, die gesteigerte Menschhaftigkeit muss verheimlicht werden. Der Kapitalismus hat sich parasitär auf dem Christentum entwickelt; die Ornamentik der Banknoten belegt, dass er, um den eigenen Mythos zu konstituieren, dem Christentum viele mythische Elemente entzogen hat. Umgekehrt hat das Christentum der Reformationszeit das Aufkommen des Kapitalismus begünstigt und sich in diesen umgewandelt.

Schon vor Walter Benjamin hatte der Sozialphilosoph Georg Simmel dem Geld eine (quasi)-religiöse Weihe verliehen. Zu Beginn des 20. Jahrhunderts analysierte er den Wert des Geldes in Abhängigkeit von der Wertschätzung der Menschen, die Geld nachfragen, um es gegen Güter zu tauschen. Der Wert entspricht dem Verhältnis zweier Verhältnisse, nämlich dem eines Geldbetrags zur gesamten Geldmenge und dem eines Gutes zum gesamten Gütervolumen. Geldkreislauf und Güterkreislauf sind in der Regel aufeinander bezogen, können aber auch voneinander getrennt sein. Über Geld zu reden, nötigt zur Reflexion über die Verteilung des Geldes, über Armut und Reichtum. Der Reiche ist dem Armen durch die Entscheidungsmacht überlegen, die ihm das Geld als Wertspeicher und Vermögensform zuspielt. Er kann wählen, wofür er sein Geld ausgibt. In den modernen Gesellschaften hat das Geld den Individuen innere Unabhängigkeit eröffnet, aber auch die lebensweltlichen Milieus zersetzt, die in moralischen und religiösen Überzeugungen verankert waren. Indem das Geld als „allgemeines Mittel“ alle bedeutsamen Weltbezüge des Individuums herstellt, wird es zunehmend zum absoluten Mittel, zum Lebensmittelpunkt. Es gilt als absolutes Heilsmittel, als Selbstzweck. Unauffällig nimmt es religiöse Merkmale an, tritt an die Stelle der Religion und wird selbst Religion.

Niklas Luhmann hat Georg Simmels Diagnose aufgegriffen. Geld ist ein „symbolisch generalisiertes Kommunikationsmedium“. Symbolisch, weil es die Einheit der Differenz von Zahlen und Nicht-Zahlen anzeigt. Generalisiert, weil es die soziale Kommunikation über den Kreis der Anwesenden hin ausweitet, in Geldbeziehungen transformiert und die anderen symbolischen Medien wie Pietät, Sympathie und Gerechtigkeit ersetzt. Das Geldmedium ist ambivalent, es kann verbinden und trennen. Bei ungleicher Verteilung unterbindet es die Anwendung von Gewalt ebenso wie die Rücksichtnahme auf Arme. In der bürgerlichen Gesellschaft ist die Allgegenwart Gottes durch die Allgegenwart des Geldes ersetzt.

Christliche Theologen bestehen zu Recht darauf, dass die Art und Weise, wie Menschen mit ihrem Geld umgehen, und die Art und Weise, wie sie ihre religiösen Erfahrungen deuten, methodisch radikal unterschieden werden sollten. Dennoch stehen sie vor der Wahl, stärker die Ähnlichkeit des jüdisch-christlichen Glaubens mit anderen religiösen Erfahrungen oder den Kontrast zu ihnen zu betonen. Falls sie in prophetischer Sprache die Geld- und Zivilisationskritik moderner Sozialphilosophen aufgreifen, riskieren sie, das Gespür für den Mittelcharakter des Geldes zu verlieren. Sie übersehen, dass Geld ein weltlich Ding, ein Kulturgut, Gottes gute Schöpfung ist, allerdings auch ein ambivalentes Machtmittel. Indem moderne Soziologen den Umgang der Menschen mit ihrem Geld und deren religiöse Überzeugungen miteinander vergleichen, unterstellen sie einen Religionsbegriff, der entweder so diffus ist, dass er sowohl auf persönliche Beziehungen als auch auf anonyme Geldgeschäfte passt, oder so willkürlich ausgewählt ist, dass er nur fantasievolle Metaphern gestattet und vom geschichtlich-praktischen Selbstverständnis der jüdisch-christlichen Religion weit entfernt ist. Eine Unbekannte, das Geld, durch eine noch größere Unbekannte, die Religion, erklären zu wollen, bringt keinen Erkenntnisgewinn. Postmoderne Soziologen zögern nicht, die Frage, ob der Kapitalismus als eine Religion zu verstehen sei, vorbehaltlos zu bejahen. Sie sind davon überzeugt, dass eine streng sozio-ökonomische Analyse angesichts der weltanschaulichen Dimension des Kapitalismus und des Geldes zu kurz greift. Es sei erkenntnistheoretisch anmaßend, monetäre Strukturen oder Prozesse präzise erklären zu wollen. Denn die Dinge zerfließen, sobald man meint, sie erfasst zu haben. Da es nicht mehr möglich sei, die Wahrheit zu finden, müsse es genügen, Kategorien zu nennen und zu sortieren, Geschichten zu erzählen und einfallsreiche Formulierungen zu zitieren. Recht und Unrecht unterscheiden zu wollen, sei überheblich. Denn die Sachverhalte werden nur in der Paradoxie, mit wachsender Unentschiedenheit und mit fließenden Deutungen klar. Aber verdient das Geld als Schlüsselmedium der kapitalistischen Wirtschaft nicht zuerst eine sozio-ökonomische Funktionsanalyse, die an empirische Beobachtungen anschließt, und eine ethische Beurteilung, die durch politische Absichten vermittelt ist? Es liegt deshalb nahe, das Vakuum, das theologisch-dogmatische Reflexionen und sozialphilosophische Vergleiche hinterlassen, durch eine Funktionsanalyse der realen Finanzmärkte und durch eine politisch-ethische Reflexion zu füllen.

Ökonomische Ernüchterung

Die Definition des Geldes, die von Ökonomen stammt, wirkt auf den ersten Blick einfallslos: „Geld ist, was die Funktion des Geldes erfüllt". Immerhin soll damit verdeutlicht werden, dass der Wert des modernen Geldes nicht durch irgendeine Metallsubstanz bestimmt wird, sondern von seiner Funktion her. Die drei Funktionen der Recheneinheit, des allgemeinen (gesetzlichen) Tauschmittels und des Wertspeichers (Wertaufbewahrungsmittel) sind nicht unabhängig voneinander. So hängt die Funktion der Recheneinheit davon ab, dass die beiden anderen Funktionen erfüllt werden. Die Tauschmittelfunktion ginge verloren, wenn das Geld seine Funktion als Wertspeicher nicht mehr erfüllt, weil es wertinstabil geworden ist.

In der ökonomischen Analyse stand lange Zeit die Funktion des Geldes als Tauschmittel im Vordergrund. Die Vereinfachung des Tausches, die durch das Geld verursacht wird, indem niemand mehr mit Kühen oder Schafen, Ritterrüstungen oder Kornsäcken übers Land fahren muss, um den Partner zu finden, der genau die Waren sucht, die man selber anbietet, und der genau das hat, was man selber sucht, hat zu der Einsicht geführt, dass Geld eine geniale Erfindung und ein Kulturgut ist. Die Tauschmittelfunktion des Geldes wurde noch bekräftigt, indem man sich darüber verständigte, welches Gut als verbindliches Zahlungsmittel anerkannt und gegen Wertverfall gesichert werden sollte. Die Vermögensfunktion des Geldes wurde in Krisenzeiten und in der so genannten Portfolioanalyse „entdeckt". Mit deren Hilfe kann ermittelt werden, wovon die Höhe und die Zusammensetzung eines Depots von Vermögenswerten abhängt. Das Geld konkurriert nämlich mit anderen Vermögensgegenständen, etwa Schmuckstücken, Edelmetallen, Häusern und Wertpapieren. Gegenüber den geldnahen verbrieften Forderungen vermittelt es Zahlungsfähigkeit. Geld als „Vermögen höchster Liquidität" wird gegen andere Vermögensformen auf den

Geld-, Kapital-, Wertpapier-, Kredit- und Devisenmärkten getauscht. Der Preis, der das Angebot und die Nachfrage nach Geld ausgleicht, ist der Zins.

Ein charakteristisches Merkmal kapitalistischer Marktwirtschaften und ihres dynamischen Wachstums ist die elastische Geldversorgung. Diese wird ermöglicht durch eine nahezu unbegrenzte Geldschöpfungsmacht des Bankensystems. Die privaten Geschäftsbanken können ihren Kunden Kredite gewähren in einem Geld, das sie selbst schaffen, solange sie darauf vertrauen können, dass die Kunden die Banküberweisungen (und nicht nur das Zentralbankgeld) als Zahlungsmittel akzeptieren. Um die Funktionsfähigkeit des Geldes insbesondere als Wertspeicher zu gewährleisten, muss es wertstabil bleiben und relativ zu den realen Produktionsmöglichkeiten knapp gehalten werden. Diese Aufgabe wird nicht allein dem Markt überlassen, sondern bedarf einer öffentlichen Steuerung. Sie wird von den Zentralbanken übernommen, die sich darum bemühen, das Geld nach innen (gegenüber dem inländischen realen Produktionspotential) und nach außen (gegenüber anderen Währungen) wertstabil zu halten. Eine rigorose Politik der Zentralbank, den Geldwert nach innen stabil zu halten und die Inflation zu bekämpfen, indem die Geldmenge begrenzt oder der Preis des Geldes, der Zinssatz, erhöht werden, steht oft im Konflikt mit den Zielen eines dynamischen Wirtschaftswachstums und der Vollbeschäftigung. Soll der Außenwert der Währung stabil gehalten werden, ist die inländische Wirtschaft inflationären oder deflationären Entwicklungen in anderen Ländern ausgeliefert. Eine gleichzeitige Stabilisierung des Binnen- und Außenwertes ist nur möglich, wenn die wirtschaftlichen Entwicklungsprozesse im In- und Ausland aufeinander abgestimmt verlaufen.

Die Art der Wechselwirkung von monetärer und realwirtschaftlicher Sphäre wird in den Wirtschaftswissenschaften kontrovers diskutiert. Die neoklassische Theorie vertritt eine Art „Neutralität" des Geldes: Die Vermehrung der Geldmenge wirkt sich, indem alle Güter von der Teuerung betroffen sind, allenfalls auf das Preisniveau aus. Die Keynesianische Theorie erklärt die Schwankungen der Realwirtschaft unter anderem durch Umschichtungen von Vermögensbeständen (Portfolios), die private Unternehmen oder Haushalte vornehmen, wenn sie beim Erwerb von Geld, geldnahen Forderungen oder Sachanlagen alternative Renditeerwartungen hegen. In diese Kontroverse spielt die unterschiedliche Gewichtung des Geldes als Tauschmittel und Wertspeicher hinein.

Das außerordentliche Vertrauen des Publikums in die Funktionsfähigkeit des Geldes, das als Kredit von den privaten Geschäftsbanken bereitgestellt wird und für dessen Wertstabilität die Zentralbank einsteht, mag jene quasi-religiöse Weihe erklären, die dem Geld, den Banken, den Börsen und Finanzmärkten verliehen wird. Es gibt jedoch keinen ernsthaften Grund, einem Geldmythos anzuhängen. Vielmehr sollten der Umgang mit dem Geld nüchtern betrachtet und die Funktionen des Geldes, der Banken, Börsen und Finanzmärkte differenziert analysiert werden. Folglich kann das „monetäre Erwachen" der Fachökonomen nur begrüßt werden: Unter dem Druck der globalen Finanzmärkte hat die ökonomische Geldkritik den „Nebel" des Halbwissens (Nitsch) um das „Rätsel Geld" (Riese) gelichtet. Sie hat eine monetäre Alphabetisierung über die Rolle, die das Geld und die Institutionen der Geldsteuerung in einer kapitalistischen Marktwirtschaft spielen, angestoßen. Sie hat die angebliche Neutralität des Geldes widerlegt, das Gewicht des Geldes als Vermögensgegenstand im Rahmen einer Portfolioanalyse betont und die politische, machtbestimmte Dimension des Geldes aufgedeckt.

Börsen und Finanzmärkte

Da Geld ein Gut ist, das in Konkurrenz zu verbrieften Forderungen (Aktien, Staatsanleihen, Schuldverschreibungen) tritt, gibt es nicht nur Güter- und Arbeitsmärkte, sondern auch Geldmärkte. Geldmärkte sind der logische Ort der Nachfrage nach Geld und des Angebotes an Geld. Auch das Geld hat seinen Preis, nämlich den Zinssatz. Bei einem hohen Zinssatz steigt die Nachfrage nach Wertpapieren, während die Nachfrage nach Geld zurückgeht. Dementsprechend steigt unter sonst gleichen Umständen bei einem niedrigen Zinssatz die Nachfrage nach Geld, während die nach Wertpapieren sinkt.

Die Funktion der Börsen in einer Marktwirtschaft wird idealtypisch meist so erläutert: Als Wertpapierbörsen oder Devisenbörsen bilden sie neben den Kreditmärkten, Geldmärkten und Rentenmärkten ein Segment der monetären Sphäre. Der Börsenhandel ist allerdings nur ein Ausschnitt des Handels mit Forderungen überhaupt. Unter den Wertpapierbörsen haben die Aktienbörsen als „Perlen des Kapitalmarkts" eine herausragende Stellung. Aktienbörsen sind ein unverzichtbarer Bestandteil kapitalistischer Marktwirtschaften. Ihnen wird die Funktion zugeschrieben, Unternehmen – insbesondere kleinen und mittleren Unternehmen – an der Grenze der Selbstfinanzierung Kapital für rentable Investitionen optimal bereitzustellen und mit Liquidität auszustatten. Sie spielen eine bedeutende Rolle an den Nahtstellen kleiner und mittlerer Unternehmen, lokaler, regionaler und überregionaler Märkte, inländischer und ausländischer Engagements sowie von Einzelunternehmen und Gesellschaften. Zwischen der Fremdfinanzierung auf der Grundlage von Kreditbeziehungen, die insbesondere von Banken vermittelt werden, und der Eigenkapitalfinanzierung, die vor allem durch die Aktienbörse vermittelt wird, lassen sich zwar markante Gegensätze konstruieren. Tatsächlich aber verhalten sich beide Finanzierungsformen weithin komplementär.

Die Funktionen, die den Finanzmärkten idealtypisch zugesprochen werden, lassen sich so formulieren: Sie vermitteln Kapital zwischen Sparern und Investoren. Sie lenken das Kapital in diejenige Verwendung, aus der eine optimale Verzinsung zu erwarten ist. Sie bewerten verschiedene Vermögensformen und ermöglichen damit den Anlegern, Finanztitel nach den eigenen Präferenzen zusammenzustellen; eine höhere Rendite können diese in der Regel dann erwarten, wenn sie bereit sind, ein höheres Risiko einzugehen. Den Unternehmen wird das Kapital bereitgestellt, das diese für Investitionen benötigen. Finanzielle Risiken, die mit bestimmten wirtschaftlichen Aktivitäten verbunden sind, werden auf diejenigen verteilt, die sie am besten tragen können und wollen. Globale Geld- und Kapitalmärkte finanzieren und sichern den weltweiten Handel. Sie gestatten den Zugriff auf das Kapital jenseits nationaler Grenzen und überwinden die Barriere, die den Investoren durch das heimische Sparvolumen gesetzt ist. Sie liefern authentische Signale über das Leistungsvermögen von Unternehmen und spiegeln die öffentlich zugänglichen Informationen über alternative Investitions- und Anlagemöglichkeiten. Sie erzwingen einen dynamischen Wettbewerb zwischen weltweit operierenden Anlegern, Investoren und Banken sowie global einheitliche Realzinssätze. Sie sind selbststeuernd und verkörpern eine ökonomische Effizienz. Den Finanzmärkten wird auch die politische Funktion zugesprochen, nationale Regierungen zu kontrollieren. Es heißt, dass Anleihemärkte kritisch auf ein staatliches Handeln reagieren, das Inflationsgefahren heraufbeschwört. Devisenmärkte bestrafen geld- und währungspolitisches Versagen mit Abwertungen. Aktienmärkte spiegeln in der Bewertung von Unternehmen auch die Qualität der an deren Standort vertretenen Wirtschaftspolitik. Die international mobilen Anleger prüfen die Kosten und Nutzen staatlicher Leistungen, das Verhältnis von Abgabenlast und öffentlicher Infrastruktur sowie die Verteilung fiskalischer Lasten. Die autonomen Entscheidungen, die Hunderttausende von Anlegern täglich auf den Finanzmärkten treffen, wirken nach der Meinung von Finanzexperten wie ein Signal, das sensibler als vierjährige Parlamentswahlen auf vernünftige politische Entscheidungen reagiert.

Real existierende Finanzmärkte

Im Gegensatz zu solchen idealtypischen Konstrukten zeigen die real existierenden Finanzmärkte erhebliche Funktionsdefizite. In den 1970er Jahren waren es die Währungsturbulenzen begehrter und einflussreicher Währungen, die realwirtschaftlich nicht erklärt werden konnten, in den 1980er Jahren die Auslandsverschuldung der Schwellenländer und in den 1990er Jahren ein Kursverfall auf den Wertpapiermärkten sowie Banken- und Währungskrisen.

Nach der Aufkündigung der Systemregeln des Bretton-Woods-Währungssystems war die Bildung der Wechselkurse vollständig an private Akteure auf deregulierten und liberalisierten Märkten übergegangen. In der Folge haben sich die Finanzgeschäfte, noch mehr die abgeleiteten Finanzgeschäfte (Swaps, Futures, Optionen) explosionsartig entwickelt. Gleichzeitig mit dem Wachstum der Finanzmärkte wuchs die Zahl der ausländischen Bankfilialen in den USA, Japan und Europa. Außerdem wurden markante qualitative Veränderungen registriert. Die Verbriefung von Forderungen trat an die Stelle von Bankkrediten. Die Aktienmärkte übernahmen verstärkt die Funktion der Unternehmenskontrolle. Mit der privaten Absicherung des Wechselkursrisikos nahm die Futurisierung der Finanzgeschäfte zu. Die Informationen über zukünftige Risiken, die global getauscht werden, enthalten subjektive Erwartungen. In der Flatterhaftigkeit der Kurse und in den spekulativen Blasen, in technischen Rückkopplungen, irrationalen Stimmungsreflexen und kollektiven Ansteckungseffekten, in schwer erklärbaren Wechselkursschwankungen und spekulativen Währungsattacken erblickte man Anzeichen dafür, dass sich die internationalen Finanzmärkte von den fundamentalen Wirtschaftsdaten abgelöst haben. Dadurch wurde die Planungssicherheit von Unternehmen, die langfristige Investitionsentscheidungen treffen, beeinträchtigt. Spekulations- und Monopolgewinne wurden zur Orientierungsmarke von Renditeerwartungen auf den Finanzmärkten. Diese wiederum dienten den Unternehmen als Vergleichsmaßstab für die Rentabilität realer Investitionen.

Die real existierenden Finanzmärkte sind weder anonym noch atomistisch, sondern von Machtverhältnissen bestimmt. Marktbeherrschende Großbanken, Versicherungskonzerne und Investmentfonds aus den OECD-Staaten haben gegenüber breit gestreuten Kleinaktionären einen Informationsvorsprung und bessere Chancen, bedeutsame Informationen zu gewinnen, weiterzuleiten und zu beeinflussen. Risikoeinstufungen, die vom Urteil und den Entscheidungen weniger Meinungsführer dominiert werden, sind anfällig für Nachahmungsverhalten, kollektiv blinde Flecken und Stimmungsumschwünge. Schwerer wiegt die Macht der Leit- oder Ankerwährungen gegenüber den nicht konvertierbaren Währungen. Länder mit schwachen Währungen, die vermeiden wollen, dass ausländische Direktinvestoren abgeschreckt werden, flüchten in eine „Dollarisierung" oder „Euroisierung" ihrer Währung.

Politische Lenkung

Stehen demokratisch legitimierte Nationalstaaten der Konzentration wirtschaftlicher Macht auf den Finanzmärkten, die sich in transnationalen Großbanken, Versicherungskonzernen und Investmentfonds verkörpert, ohnmächtig gegenüber? Der erste Augenschein trügt: Es gibt kein weltpolitisches Vakuum, das politisches Handeln ins Leere laufen ließe. Aber wer sind die Akteure, die in der Lage sind, die internationalen Finanzmärkte zu lenken?

Nationalstaaten

Die internationalen Finanzmärkte, wie sie sich gegenwärtig darstellen, sind das Resultat politischer Entscheidungen nationaler Regierungen. Die Kapitalmärkte sind nach dem Zusammenbruch des Bretton-Woods-Systems in den letzten 25 Jahren schrittweise liberalisiert, die Kapitalverkehrskontrollen sind aufgehoben worden. Fusionen und Übernahmen von Unternehmen wurden von den Regierungen wohlwollend erlaubt, auch wenn die nationalen Aufsichtsbehörden, etwa das Kartellamt, ein Fusionsverbot ausgesprochen hatten. Der europäische Binnenmarkt ist politisch beschlossen worden. Die Europäische Währungsunion ist das Ergebnis gemeinsamen politischen Willens. Die Handlungsmöglichkeiten nationaler Regierungen sind längst nicht erschöpft.

Internationale Organisationen

Die Nationalstaaten haben für bestimmte Zwecke ursprüngliche Souveränitätsrechte auf trans- und supranationale Organisationen verlagert. Neben der Europäischen Union existieren in Asien sowie in Nord- und Lateinamerika Formen regionaler Integration: Die ASEAN oder die NAFTA (Vereinigte Staaten, Kanada, Mexiko) lassen ähnliche Absichten und Verfahren wie die in der EU erkennen. Die Kohäsion des MERCOSUR (eine wirtschaftliche Allianz lateinamerikanischer Länder) hängt vom Verzicht der großen Länder auf Vormachtsansprüche, vom regionalen und sozialen Ausgleich sowie von der demokratischen Festigung ab. Die Gipfeltreffen der Gruppe der 7, 8 oder 10 Länder mit großer Wirtschaftsleistung dienen der Abstimmung wirtschaftspolitischer Entscheidungen. Unter den von den Vereinten Nationen einberufenen Gipfelkonferenzen zu den Fragen der Weltbevölkerung, der Gleichstellung der Frauen, der Beschäftigung und des sozialen Ausgleichs, der Menschenrechte, der Umwelt und Entwicklung haben die Klima-Konvention, die Agenda 21 der Konferenz von Rio de Janeiro sowie das Kyoto-Protokoll eine hohe Verbindlichkeit erreicht. Die 1994 gegründete Welthandelsorganisation (WTO) hat die GATT-Runden, die sich um den Abbau weltweiter Handelshemmnisse und die Liberalisierung des internationalen Handels bemüht haben, abgelöst. Deren Entscheidungen, die allerdings unter dem beherrschenden Einfluss der reichen und mächtigen Staaten stehen, können mit Sanktionen gegen die Mitgliedstaaten durchgesetzt werden. Der Internationale Währungsfonds (IWF) und die Weltbank operieren arbeitsteilig zur Stabilisierung der Finanzmärkte und zur Förderung wirtschaftlicher Entwicklung. In der 1930 gegründeten Bank für Internationalen Zahlungsbilanzausgleich (BIZ) sind 45 Zentralbanken vertreten. Daneben gibt es einen internationalen Zusammenschluss staatlicher Aufsichtsbehörden für das Börsen- und Wertpapiergeschäft (IOSCO) sowie für das Versicherungswesen (IAIS). Die Vereinten Nationen und ihre Unterorganisationen (Unctad, Unicef, UNHCR) sind Institutionen einer multilateralen Verantwortung, die den Überlegenheitsanspruch eines einzelnen Staates in die Schranken weisen können. Daneben existieren zahlreiche regionale Organisationen zur friedlichen Regelung zwischenstaatlicher Konflikte. Ansätze einer Internationalen Gerichtsbarkeit finden sich im Internationalen Gerichtshof zur Schlichtung von Streitigkeiten zwischen Staaten, im Europäischen Gerichtshof, im Interamerikanischen Gerichtshof für Menschenrechte sowie im Afrikanischen Gerichtshof für die Rechte der Menschen und Völker.

Internationale Vereinbarungen

Im Rahmen der WTO werden Verhandlungen über eine volle Liberalisierung der Märkte für Dienstleistungen geführt, die auch bisher öffentlich bereitgestellte Gesundheitsgüter, Bildungsgüter, Güter der allgemeinen Infrastruktur (Wasser, Strom) und soziale Dienste einschließen (GATS). In den Verhandlungen zum Multinationalen Investitionsabkommen (MAI), die 1998 abgebrochen wurden, sollte den transnationalen Unternehmen das Recht eingeräumt werden, wirtschaftspolitische Maßnahmen der Aufnahmestaaten, die ihren Interessen zuwiderlaufen, gerichtlich anzufechten. Im „Pariser Club" sind die Notenbanken der Gruppe der G10 vertreten. Sie verhandeln als Gläubiger mit den Staaten, die Auslandskredite aufgenommen haben. Das privatwirtschaftliche Pendant ist der „Londoner Club", ein Zusammenschluss der Privatbanken, die als Gläubiger den hochverschuldeten Schwellenländern gegenübertreten. Unter der Schirmherrschaft der BIZ haben die Notenbanken der führenden Wirtschaftsnationen wiederholt ihre finanz- und währungspolitischen Entscheidungen aufeinander abgestimmt. Sie haben sich mehrfach als „Feuerwehr-Löschzug" bewährt, als sie 1995 mit 50 Mrd. Dollar die mexikanische Währung, 1997 die asiatischen Währungen und 1998 mit 3,6 Mrd. Dollar den US-amerikanischen „Long Term Capital Management"-Fonds zu stützen suchten, um einen Absturz des globalen Finanzsystems zu verhindern.

Nicht-Regierungsorganisationen (NGOs)

Die Zahl der bisher genannten politischen Akteure ist mittlerweile um die Nicht-Regierungsorganisationen erweitert worden. Sie werden definiert als „private Zusammenschlüsse, die nicht vom Willen der Regierungen abhängen". Es handelt sich unter anderem um Vereine, Bürgerinitiativen, lokale Bündnisse, Parteien, Gewerkschaften, Unternehmen, Kirchen oder universitäre Forschungseinrichtungen. Gemäß Art. 71 der UN-Charta sind sie mit beratender Funktion bei einer internationalen Organisation akkreditiert. Gemäß der Organisationsform lassen sich zwei Typen unterscheiden: Multinationale Netzwerke sind problembezogen, stützen sich auf eine große Menge ständiger, zahlender Mitglieder, haben ein professionelles Management, beschäftigen hauptamtliche Mitarbeiterinnen und Mitarbeiter, organisieren sowohl praktische Aktionen als auch Lobbyarbeit und pflegen einen professionellen Umgang mit den Medien. Zu ihnen gehören u. a. das Rote Kreuz, Oxfam, Amnesty international, WWF und Greenpeace.

Internationale soziale Bewegungen treten gegen Funktionsdefizite des kapitalistischen Marktregimes bzw. die marktradikale Globalisierung auf. Sie mobilisieren kritische Bevölkerungsgruppen zu Demonstrationen, Bildungsveranstaltungen und ökonomisch-monetärer Alphabetisierung, stellen anlässlich internationaler Gipfeltreffen (WTO-Konferenzen, Jahrestreffen des IWF) eine kritische Gegenöffentlichkeit her und zeichnen sich für das „Weltsozialforum" verantwortlich. Die größte internationale soziale Bewegung war die Kampagne „Erlassjahr 2000", die im Bündnis mit IWF/Weltbank und unterstützt durch 17 Millionen Unterschriften aus aller Welt die Finanzminister der G7 auf dem Kölner Gipfeltreffen 1999 dazu gedrängt hat, den Schuldenstand hochverschuldeter armer Länder (HIPC) auf ein „tragfähiges" Maß zu senken. Die derzeit bekannteste internationale soziale Bewegung ist Attac (Vereinigung für die Besteuerung von Finanztransaktionen im Interesse der Bürgerinnen und Bürger). Die Existenz und Aktivitäten der NGOs sind ein Beleg dafür, dass die transnationale Kooperation zwischen nationalstaatlichen Entscheidungsträgern, internationalen Organisationen und zivilgesellschaftlichen Akteuren ein real existierender Vorgriff auf eine demokratische Weltgesellschaft ist.

5. Arbeitsgesellschaften im Umbruch

Dass Trenderklärungen nur diffuse Hinweise, aber keinen Ersatz für präzise Analysen bieten, gilt nicht nur für die Megatrends der Globalisierung und der demographischen Veränderungen, sondern auch für drei weitere, von Angela Merkel identifizierte Herausforderungen des 21. Jahrhunderts – die technologische Revolution, die Wissensgesellschaft und den Wertewandel. In Kondratieffs Theorie der langen Wellen enthalten die Basisinnovationen jeweils ein Doppelpack aus technischer Erfindung und verbreitetem Wirtschaftsgut. Als Kennzeichen der modernen Wissensgesellschaft werden abwechselnd die Informations- und Kommunikationstechniken oder der vorrangige Produktionsfaktor Wissen angegeben, der die Faktoren Grund und Boden sowie Arbeit und Kapital abgelöst hat. Wahlweise wird auch die analytische Vorgehensweise in Mathematik und Naturwissenschaft oder das Vordringen von Naturwissenschaft und Technik in alle gesellschaftlichen Lebensbereiche genannt. Die zeitliche und räumliche Dimension des Wertewandels bleibt dabei unbestimmt. Folgt er einer kulturrevolutionären Wende oder ist er deren Auslöser? Um die Veränderungen der Arbeitsgesellschaften zu erklären, wird hier eine andere Hypothese gewählt, die Umbruchshypothese.

Diese bezieht sich auf eine zeitlich begrenzte Entwicklung, die ein stabilisiertes Zusammenspiel ökonomischer Prozesse, gesellschaftlicher Lebensweisen und politischer Optionen der deutschen Nachkriegsgeschichte abbildet. Eine Bruchstelle, an der die Erosion dieses Zusammenspiels offenkundig wird, ist der Zeitabschnitt Anfang der 1970er Jahre. Die Umbruchshypothese zeichnet sich durch folgende Komponenten aus: Sie unterscheidet analytische und wertende Vorgehensweisen, verbindet sie jedoch. „Objektiv“ ökonomische, „intersubjektiv“ gesellschaftliche und „symbolisch“ politische Sphären werden wechselwirkend einander zugeordnet. Anonyme Steuerungsformen, persönliche Handlungsentwürfe und kollektive Entscheidungsverfahren werden zwar unterschieden, aber nicht getrennt. Den gesellschaftlichen Lebensweisen wird ein starkes Gewicht eingeräumt. „Gesellschaftliche Lebensweisen“ – dieser Ausdruck steht für die subjektiven Motiv- und Interessenbündel von Individuen oder Haushalten, mit denen diese ihren wirtschaftlichen Status, ihre subjektive Identität und ihre gesellschaftliche Anerkennung anstreben und erreichen. Die Lebensweisen der Einzelnen und der Haushalte gelten nicht bloß als von ökonomischen Prozessen oder politischen Optionen fremdgesteuert oder ihnen gar unterworfen. Sie werden als eigensinnige Lebensentwürfe skizziert, die sich öffentliche Handlungsspielräume schaffen und diese im Einklang mit oder im Widerspruch zu der ökonomischen und politischen Sphäre behaupten.

Die europäischen Nachkriegsjahrzehnte sind der zeitliche Bezugsrahmen der Umbruchshypothese. Die Franzosen nennen sie „Les Trente glorieuses“, im angelsächsischen Sprachraum gelten sie als die „goldenen Jahre“, für die Deutschen sind es die Jahre des „Wirtschaftswunders“, das sich im Rückblick als eine nur relativ kurze Phase wirtschaftlicher Prosperität herausgestellt hat. Das außergewöhnliche Zusammenspiel ökonomischer Prozesse, gesellschaftlicher Lebensweisen und politischer Optionen, deren Erosion sowie der Versuch, sie verändert aufeinander abzustimmen, soll im Folgenden dargestellt werden.

Ökonomische Prozesse

Wie bestimmend sind ökonomische Prozesse für die gesellschaftlichen Lebensweisen und politischen Optionen? Sie sind es nicht im Sinn einer linearen Wirkungskette. Sie bilden lediglich den Ausgangspunkt einer quasi-zirkulären Argumentationskette. Als dominantes Finanzregime, maßgebliche Betriebsorganisation und sexistische Arbeitsteilung werden sie gesondert erläutert.

Das dominante Finanzregime

In dem bis 1973 geltenden Bretton-Woods-Währungssystem wirkten feste, aber anpassungsfähige Wechselkurse, nationale Kapitalverkehrskontrollen und kurzfristige Überbrückungskredite des Internationalen Währungsfonds, um Zahlungsbilanzdefizite eines Landes finanzieren zu können, als feste Größen. Fast dreißig Jahre lang war die Stabilität des äußeren Geldwerts formal gewährleistet. Eine internationale Wachstums- und Konjunkturgemeinschaft war damit hergestellt, die jedes Land in den Sog der wirtschaftlichen Entwicklung der anderen Länder und vor allem der Vereinigten Staaten als Konjunktur- und Wachstumsmotor hineinzog. Umgekehrt übertrug sich die positive wie negative Dynamik eines Landes mehr oder weniger automatisch auf die anderen Länder. Die wirtschaftspolitische Souveränität eines einzelnen Landes blieb relativ eingeschränkt.

Nach 1973 versprach man sich von flexiblen Wechselkursen eine größere Autonomie der nationalen Geld- und Zinspolitik. Die nicht auszuräumenden Differenzen der wirtschaftspolitischen nationalen Prioritäten etwa der USA, Frankreichs und der Bundesrepublik hatten in der Endphase des Bretton-Woods-Systems Spannungen ausgelöst, die das System zu zerreißen drohten. Ein währungspolitisches Dilemma war offenkundig geworden, dass nämlich von den drei relevanten geld-

und währungspolitischen Stellgrößen – nämlich dem freien oder kontrollierten Kapitalverkehr, den festen oder flexiblen Wechselkursen und der autonomen oder abhängigen nationalen Geld- und Zinspolitik nur jeweils zwei Größen bestimmbar sind, während die dritte als Resultante hinzunehmen ist. Wenn eine Regierung beispielsweise den inländischen Zinssatz erhöht, um dadurch den Anstieg der Geldnachfrage zu bremsen und der Inflationsgefahr entgegenzutreten, jedoch gleichzeitig am festen Wechselkurs festhält, kann sie nicht verhindern, dass ausländisches Kapital, durch die Zinsdifferenz angelockt, ins Land strömt und damit das Ziel, die Inflation durch eine Begrenzung der Geldmenge zu bekämpfen, durchkreuzt. Die Freigabe der Wechselkurse sollte die nationale Autonomie beispielsweise bei der Inflationsbekämpfung stärken. Die hohen Erwartungen, die mit flexiblen Wechselkursen als Instrumenten einer größeren wirtschaftspolitischen Autonomie der Nationalstaaten verbunden waren, haben sich jedoch nicht allgemein erfüllt. Begehrte und einflussreiche Währungen unterlagen heftigen Schwankungen, die realwirtschaftlich unbegründet waren. In der Folge wurde das nur scheinbar freie Spiel der Wechselkurse in eine koordinierte Kurspflege der Notenbanken reicher und mächtiger Staaten eingebunden. Länder mit starken Währungen konnten autonom ihre geldpolitischen Prioritäten durchsetzen, während währungsschwache Länder genötigt waren, sich anzupassen, selbst wenn sie andere Prioritäten verfolgten. Das überdurchschnittliche Wachstum der internationalen Finanzmärkte sowie die weltweite Verbreitung des Wirtschafts- und Finanzstils der Vereinigten Staaten haben den Managern, die der jeweiligen Hauptströmung folgen, das Konzept des Shareholder Value als moderne Form der Unternehmenslenkung aufgedrängt. Es orientiert sich in erster Linie an der kurzfristigen Rendite. Nur überdurchschnittlich profitable Betriebseinheiten haben die Chance, zu überleben. Die Kennziffern der Mindestrendite werden nicht durch die Absatzchancen innovativer Produkte, die lebensdienlichen Bedürfnissen folgen, im Extrem überhaupt nicht durch realwirtschaftliche Komponenten definiert, sondern durch den Vergleich mit jenen Renditen, die durch Finanzinvestitionen auf den Geld- und Kapitalmärkten erzielt werden.

Die Betriebsorganisation

Das Jahr 1973 markiert eine zweite, vom Umbruch des Finanzregimes abgeleitete Bruchstelle. Als infolge der Freigabe der Wechselkurse der US-Dollar massiv abgewertet wurde, setzten die Erdöl exportierenden Staaten einen Anstieg des Rohölpreises durch, der das Wirtschaftswachstum weltweit einbrechen ließ. Zugleich erfasste der Bericht über die „Grenzen des Wachstums“, der ein Jahr zuvor vom Club of Rome veröffentlicht worden war, das öffentliche Bewusstsein, dass nämlich die industrialisierten Länder, um ihren Wohlstand aufrecht zu erhalten, die Umweltressourcen in einem Ausmaß verbrauchen, das nicht auf die ganze Welt übertragbar ist.

1973 endete für die europäischen Industrieländer der „kurze Traum immer währender Prosperität“, des „Wohlstands für alle“. Mit dem Einschnitt in die bisherige Wachstumsdynamik und mit dem Anstieg der Massenarbeitslosigkeit stand auch die tragende Grundlage der Vollbeschäftigung auf dem Prüfstand – die Industrieproduktion und deren maßgebliche Betriebsorganisation. Die Industrieproduktion war mit hierarchisch durchgegliederten Großbetrieben, relativ homogenen Belegschaften, festen Arbeitszeiten und einer tayloristischen, an den maschinellen Abläufen orientierten Arbeitsteilung verwachsen. Die Beschäftigungsverhältnisse waren in der Regel unbefristet und sicherten ein angemessenes Einkommen, das die Beteiligung am wirtschaftlichen Reichtum und eine solidarische Absicherung der gesellschaftlichen Lebensrisiken garantierte. Löhne und Arbeitsbedingungen wurden kollektiv ausgehandelt, so dass die Einkommensverteilung relativ ausgewogen blieb und den Arbeitnehmern begrenzte Beteiligungsrechte zugesichert waren. Die deutsche Industrie wies infolge ihrer Exportlastigkeit eine überdurchschnittliche, technikbasierte Kapitalausstattung auf. Die relativ hohe Produktivitätsrate sicherte die internationale Wettbewerbsfähigkeit und neutralisierte die Folgelasten der steigenden Lebenserwartung und der sinkenden Geburtenrate. Ein weltweit anerkanntes duales System der beruflichen Ausbildung, das schulische und betriebliche Lernerfahrungen integrierte und jungen Menschen ein überbetriebliches Fach- und Orientierungswissen vermittelte, trug zur Leistungsfähigkeit der Industrie bei. Im Gegensatz zum öffentlichen Verbrauch der Umwelt floss der Arbeits- und Gesundheitsschutz, der die Inanspruchnahme der menschlichen Arbeitskraft zum Nulltarif einschränkte, über solidarische Beitragssysteme in die Unternehmensrechnung ein.

Nach 1973 hat sich in mehreren konjunkturbedingten Schüben eine Massenarbeitslosigkeit verfestigt, die zu wachsender Armut, gesellschaftlicher Ausgrenzung und einer Polarisierung zwischen denen führte, die wohlhabend und vermögend sind, und anderen, die in relative Armutslagen hineinfallen oder in einem prekären Wohlstand leben. Die Grenzen riskanter Lebenslagen diesseits unbefristeter Arbeitsverhältnisse mit sicherem Einkommen sind fließend geworden – zwischen sozialversicherungspflichtiger Teilzeitarbeit, Mini-Jobs, geringfügiger Beschäftigung, Leiharbeit, Arbeit auf Abruf, Scheinselbständigkeit und Ich-AGs.

Die Zunahme alter und das Entstehen neuer gesellschaftlicher Risiken ist nicht die bloße Folge technischer Umstellungen oder ökonomischer Sachzwänge, sondern im wesentlichen dadurch verursacht, dass sich die wirtschaftliche und politische Machtbalance zwischen den gesellschaftlichen Kräften auf dem Arbeitsmarkt, im Unternehmen und in den Betrieben verschoben hat. Diese Verschiebung äußert sich im Absinken der bereinigten Lohnquote und der relativ höheren Steuerbelastung der Einkommen aus unselbständiger Arbeit. Sie zeigte sich bereits in den Auseinandersetzungen um das Streik- und Aussperrungsrecht sowie um die kollektive Arbeitszeitverkürzung bzw. Flexibilisierung der individuellen Arbeitszeit. Dieser Streit ist inzwischen zugunsten der Flexibilisierung, allerdings auch einer Verlängerung der individuellen Arbeitszeit entschieden. Arbeitgeber und konservative Politiker fordern eine allgemeine Verlängerung der Wochen- und Jahresarbeitszeit. Auf den industriellen Arbeitsmärkten wird eine hoch qualifizierte Elite von Wissensarbeitern gesucht, um international wettbewerbsfähige Produkte mit hohem Technikanteil herzustellen. Sie wird überdurchschnittlich entlohnt und kann ihre soziale Absicherung selbst in die Hand nehmen. Der Einsatz der neuen Techniken lässt den bereits überdurchschnittlich hohen Kapitaleinsatz pro Beschäftigten in Deutschland weiter steigen. Er macht noch mehr Arbeitskräfte überflüssig, die ungeachtet der Höhe ihrer Entlohnung dem Einsatz von Wissen und Kapital im Wege stehen. Arbeitsmarktexperten meinen, man solle den Erwerbslosen, die im Schatten der Industrie-Elite stehen, einfache, niedrig entlohnte Dienste anbieten, auch wenn es in Deutschland häufig als anmaßend empfunden wird, solche Arbeiten anzubieten, und als entwürdigend, sie anzunehmen.

Die Verschiebung der wirtschaftlichen und politischen Macht zeigt sich auch in der Reorganisation der Unternehmen, ihrer Abteilungen und Funktionsbereiche sowie der Betriebe und Märkte, die meist nach einem konjunkturellen Einbruch beschleunigt vorgenommen wird. Die Unternehmenshierarchien wurden flacher. Aber die entscheidenden Zugriffsrechte der Konzernleitung sind nicht abgebaut worden. Konzentrationsprozesse und Fusionen sind nicht unterblieben. Direkte persönliche Anweisungen wurden zwar seltener. Aber es sind neue Formen indirekter Steuerung und differenzierter Kompetenz entstanden: Eine ausgedehnte Dokumentation von Zahlungs-

und Informationsströmen signalisiert, ob Leitbilder und Zielvereinbarungen, an deren Formulierung teilautonome Arbeitsgruppen oder Projektteams beteiligt sind, eingehalten werden.

Die organisatorischen Umbauten, die in der Regel von der Konzernspitze oder externen Beratungsfirmen angestoßen wurden und wechselnden Managementmoden folgen, lassen einen neuen Typ des Arbeitnehmers entstehen, der an diese veränderten Strukturen angepasst ist. Günter G. Voß beschreibt ihn als „Arbeitskraftunternehmer". Er vereint die Merkmale selbständiger und abhängiger Erwerbsarbeit. Er empfindet seine Arbeitsform als selbstbestimmt, nicht kontrolliert durch Anweisungen von außen. Die Informationen, über die er verfügt, könnten von Vorgesetzten gar nicht eingesehen, und die Kompetenz, spezielle Probleme zu lösen, könnte durch Außenstehende gar nicht angestoßen werden. Er gestaltet flexibel seine individuelle Arbeitszeit, entscheidet sich für den Arbeitsort, der seinen Interessen entspricht, und handelt individuelle Arbeitsbedingungen aus, ohne sich durch Tarifverträge einschnüren zu lassen. Der Arbeitskraftunternehmer ist bereit, große Entbehrungen auf sich zu nehmen, bis seine Ideen einen stabilen Marktwert erzielt haben. Stolz ergreift er die Chance, das Verhältnis von Arbeitsaufwand und Markterfolg autonom zu bestimmen. Er spürt, wie unterdrückte Energien und kreative Ideen dabei freigesetzt werden. Er stößt ehrgeizige Projekte an, testet und verwirft sie, sobald sie zu riskant werden. Er identifiziert sich mit einer Arbeit, die ihm zum Ort spontaner Selbstverwirklichung geworden ist. Er lässt sich vorbehaltlos darauf ein, die Grenzen zwischen Arbeits- und Lebenswelt aufzuheben und die Erwerbsarbeit selbst als lustbetonten Lebensinhalt zu begreifen.

Zerfließt in einer solchen Arbeitsorganisation die Grenze zwischen dem selbständig und scheinselbständig Arbeitenden? Auch der Arbeitskraftunternehmer arbeitet nicht in einem herrschaftsfreien Raum. Er kann nur bedingt eigene Ziele verfolgen und nur zu einem geringen Teil auf das Organisationsgefüge, in das er eingegliedert ist, einwirken. In entscheidenden Fragen seiner Arbeitsgestaltung hat nicht er, sondern haben andere zu sagen. Die Zusage selbständiger Arbeit wird durchkreuzt, sobald der Auftraggeber regelmäßige Präsenz im Büro, Erreichbarkeit rund um die Uhr und Urlaubsverzicht erwartet. Wer Arbeitszeit und Arbeitsvolumen souverän regeln kann, bezahlt diese Vorteile häufig mit einem Einkommensverlust. Auch die unternehmerisch selbständigen Wissensarbeiter spüren das ökonomische Machtgefälle. Sobald sich ihr Wissen in Anlagen und Produkte umgesetzt hat, werden sie von einer weiteren profitablen Vermarktung ausgeschlossen. Das Wissen gehört nicht mehr ihnen. Projektteams tauschen den Rückzug des Managements und die autonome Arbeitsgestaltung gegen eine einzige Bedingung, dass schwarze Zahlen geschrieben werden. Der wirtschaftliche Entscheidungsdruck verlagert sich in die Arbeitsgruppe, indem Mitglieder des Teams zum Ausscheiden gedrängt werden, damit die Rentabilität des Projekts erhalten bleibt. „Vertrauensarbeitszeit" wird nicht von allen Beteiligten als Befreiungsschlag empfunden, auch wenn die Stechuhr abgeschafft ist. Die einen entscheiden autonom, nachdem sie die Arbeit termingerecht abgeliefert und das vereinbarte Honorar kassiert haben, wie lange die Pause bis zum nächsten Projekt dauert. Andere jedoch leiden unter dem wachsendem Zeitdruck. Noch bevor sie den Abgabetermin zusagen, wissen sie, dass dieser nicht einzuhalten ist. Aber sie lügen sich und anderen in die Tasche. Schon bald stellt sich heraus, dass Terminkorrekturen unvermeidlich sind. Dann streichen sie die gemeinsamen Zeiten mit dem Ehepartner und den Kindern rigoros zusammen, verbringen Nächte und Sonntage im Büro, bis ihnen Schlafstörungen und Partnerschaftskonflikte über den Kopf wachsen. Wer schützt sie gegen sich selbst? Eine solche „Selbstverwirklichung" in der Erwerbsarbeit verlangt eine fast militärische Selbstdisziplin bis an die Grenze der Selbstausbeutung. Die autonome Umwandlung der Arbeitskraft in Arbeitsleistungen, die der direkten Überwachung eines fremden Arbeitgebers entzogen ist, wird eingetauscht gegen eine Fremdbestimmung, die durch Termindruck, kooperierende Konkurrenten und das direkte Marktrisiko erzeugt wird. Der Arbeitskraftunternehmer verlagert den Konflikt zwischen eigenen und partnerbezogenen Lebensentwürfen und dem Zugriff einer vermeintlich wirtschaftlichen Vernunft nach innen, spaltet sich in zwei Seiten derselben Persönlichkeit, trägt zwei Seelen in der eigenen Brust. Sein Eigeninteresse beginnt zu „schielen".

Die sexistische Arbeitsteilung

Die Industrieproduktion des Kapitalismus hat die geschlechtsspezifische Arbeitsteilung verschärft, indem Produktionsstätte und Wohnort getrennt wurden. Die Erwerbsarbeit mit einem Haushaltseinkommen wurde den Männern zugewiesen, die Frauen dagegen wurden zur unentgeltlichen privaten Haus- und Erziehungsarbeit verpflichtet. In Deutschland hat sich das Leitbild des Ein-Ernährer-Haushalts und der Hausfrauen-Ehe im Unterschied zu anderen westeuropäischen Ländern weit über die unmittelbare Nachkriegszeit hinaus behauptet. Die sozio-ökonomische Diskriminierung der Frauen lässt sich daran ablesen, dass ihre durchschnittlichen Einkommen und Rentenansprüche um ein Viertel bis ein Drittel unter denen der Männer liegen. Die Erwerbsquote der Frauen in Deutschland liegt weit unter denen in Schweden, Dänemark oder Großbritannien. Die Erwerbsbiographie westdeutscher Frauen weist einen Knick auf, weil von ihnen erwartet wurde, dass sie die Erwerbsarbeit zugunsten der Kindererziehung unterbrechen, ohne danach den ursprünglichen Arbeitsplatz und das ursprüngliche Einkommensniveau wieder zu gewinnen. Typische Frauenberufe sind um Arbeiten gruppiert, die von Männern aufgegeben wurden. Teilzeitarbeit wird zu 90 Prozent von Frauen geleistet. Ihnen werden prekäre und geringfügige Beschäftigungsverhältnisse mit extrem hohen Anforderungen an Flexibilität und Mobilität zugemutet.

Die politische Sphäre, der öffentliche Dienst und die Medien scheinen den Frauen die gewünschten Erwerbsbiografien anzubieten. Dennoch wird ihnen die gleichberechtigte Beteiligung an höheren Positionen und Führungsaufgaben in Wirtschaft, Wissenschaft und der Politik verwehrt. Der Frauenanteil im Bundestag ist von 10 Prozent (1950) auf 33 Prozent (2002) angestiegen. Bei den Bündnisgrünen beträgt er 58 Prozent, bei der CDU/CSU 23 Prozent. Das Bildungs- und Gesundheitswesen hat Frauen den Zugang zur Vollerwerbstätigkeit erleichtert, wenngleich die oberen Ränge der sozialen Stellung im Beruf weiterhin geschlechtsbezogen besetzt sind. Die privaten und öffentlichen Massenmedien bieten ein ambivalentes Bild. Zahlreiche Moderatorinnen sowie Redakteurinnen von Show- und Spielsendungen wirken als selbstbewusste und eigenständige Frauen. Krimi-Serien lassen Frauen in allen Berufen gleichgestellt auftreten. Aber in Quiz-Sendungen sind die Rollen zwischen Quizmaster und Assistenz geschlechtsbezogen verteilt. In Fernsehfilmen werden die emotionalen Kompetenzen vollerwerbstätiger Frauen meist gemäß eingefahrener Rollenklischees als Freundin, Tochter, Mutter und Ehefrau in der Beziehungs- und Familiensphäre abgerufen.

Die Umweltbelastung

Während des dreißigjährigen deutschen Wirtschaftswunders sind nicht nur die wirtschaftlichen Schäden des Zweiten Weltkriegs repariert worden. Es wurde ein Wohlstand geschaffen, an dem die Masse der Bevölkerung in Form steigender Realeinkommen, komfortabler Sicherungssysteme sowie wachsender Produktivität und Freizeit teilnahm. Allerdings war dieser Wohlstand nicht zum Nulltarif zu haben. Er wurde mit zunehmender Umweltzerstörung bezahlt.

Die Publikation des Berichts an den Club of Rome: „Die Grenzen des Wachstums" hat das kollektive Umweltbewusstsein verändert. Es richtete sich zunächst auf den Smog in den Großstädten. Dann traten das Waldsterben, der saure Regen und die Wasserverschmutzung in den Mittelpunkt des Interesses. Am Ende des 20. Jahrhunderts wechselte die Aufmerksamkeit von den lokalen und regionalen zu den globalen Umweltproblemen und konzentrierte sich auf die Erwärmung des Klimas. Diese ist vor allem den Schadstoffen anzulasten, die Haushalte, Industrie und Verkehr in die Atmosphäre abgeben. Dabei spielt die Freisetzung von Kohlendioxyd, die mit dem Verbrennen fossiler Rohstoffe verbunden ist, eine zentrale Rolle. Offenkundig ist der Wirtschafts- und Lebensstil der reichen Industrieländer mehr als die Armut der Entwicklungsländer für die globale Umweltzerstörung verantwortlich. 20 Prozent der Weltbevölkerung, die in den Industrieländern wohnt, beansprucht derzeit 80 Prozent der verfügbaren natürlichen Ressourcen. Und ein erheblicher Teil des Giftmülls, der in den Industrieländern anfällt, wird in die Entwicklungsländer abgeladen.

Warum ist eine Marktwirtschaft, die den privaten Wohlstand unvorstellbar vermehrt hat, nicht in der Lage, eine Belastung der natürlichen Umwelt, die deren Tragfähigkeit übersteigt, zu verhindern? Die einen sehen in der geldwirtschaftlichen Dynamik, in der Fähigkeit des Finanzsystems zu unbegrenzter Geldschöpfung den treibenden Motor der Umweltzerstörung. Andere machen die staatliche Wachstums- und Beschäftigungspolitik für die ökologische Fehlsteuerung verantwortlich. Die real existierenden Märkte selbst, die von den idealtypischen Konstrukten der Marktmodelle abweichen, versagen gegenüber der Aufgabe eines behutsamen Umgangs mit der Ressource „natürliche Umwelt". Umweltschäden, die erst nach langer Zeit und nach komplexen Rückkopplungen auftreten, werden von den Marktpreisen normalerweise nicht angezeigt. Ernst Ulrich von Weizsäcker bezeichnet diese deshalb als „ökologisch doof“. Das öffentliche Gut „natürliche Umwelt“ wird auf privaten Märkten nicht angeboten. Die Steuerung des Marktes durch Preise funktioniert nämlich nur bei solchen Gütern, für die der Grundsatz der Ausschließung gilt. Wer sie erwirbt, kann allen anderen den Zugang dazu versperren. Öffentliche Güter sind jedoch allen Marktteilnehmern zugänglich und können gemeinsam in Anspruch genommen werden. Also muss die Inanspruchnahme der Umwelt öffentlich geregelt werden.

Derzeit konkurrieren die anhaltend hohe Arbeitslosigkeit und die Umweltzerstörung um die öffentliche Aufmerksamkeit. Die Vertreter der deutschen Industrie behaupten hartnäckig, die Umweltauflagen würden die Produktionskosten in Deutschland derart erhöhen, dass Unternehmen auf den globalen Märkten Wettbewerbsnachteile erleiden oder zur Abwanderung gezwungen sind. Der Investitionsstau in Deutschland sei auf die hohen Umweltauflagen zurückzuführen. Das Anliegen des Umweltschutzes gefährde Arbeitsplätze. Die Statistik belegt jedoch, dass die Umweltschutzgesetze zusätzliche Beschäftigung für den Export und den Binnenmarkt anregen. Allerdings wird umweltverträgliches Wirtschaften nicht erst dadurch wertvoll, dass es beschäftigungsfördernd ist. Ein Teil der Beschäftigung findet im nachsorgenden Umweltschutz statt. Ein vorsorgender Umweltschutz würde einen erheblichen Teil dieser Beschäftigung überflüssig machen. Der gesamtwirtschaftliche Saldo zeigt, dass der Umweltschutz kein explosiver Beschäftigungsmotor ist. Aber welchen Sinn macht es, den Umweltschutz gegen die Beschäftigung auszuspielen, als widerstreitende Ziele zu formulieren und wechselseitig zu instrumentalisieren? Beide Ziele haben einen Eigenwert.

Gesellschaftliche Lebensweisen – der menschliche Faktor

Die subjektiven Motiv- und Interessenbündel der Menschen, mit denen diese ihren wirtschaftlichen Wohlstand, ihre persönliche Identität und gesellschaftliche Anerkennung behaupten, sind in der Umbruchshypothese der menschliche Faktor. Er unterwirft sich nicht einfach ökonomischen Prozessen. Er entwirft vielmehr eigensinnig die ihm angemessenen Vorstellungen des guten Lebens. Und er eignet sich die Prozesse der ökonomischen Sphäre im harmonischen Einklang oder im kritischen Widerspruch zu den eigenen Lebensentwürfen an.

Die Bruchstelle der gesellschaftlichen Lebensweisen wird anders als bei den ökonomischen Prozessen mit dem Jahr 1968 markiert. In ihnen haben sich die Ansprüche auf ein eigenes Leben im Respekt vitaler Bedürfnisse und des Arbeitsvermögens, auf Gleichstellung der Geschlechter und auf den Einklang mit der Natur angemeldet.

Eigenes Leben

In der unmittelbaren Nachkriegszeit standen der Wiederaufbau zerstörter Gebäude und der nachholende Konsum materieller Güter oben auf der Liste der Bedürfnisse. Das Arbeitsvermögen wurde gemäß dem dreigliedrigen Bildungssystem nach ungelernten und angelernten Arbeitskräften, qualifizierten Facharbeitern und verantwortlichen Positionen sortiert und in den industriellen Produktionsprozess integriert.

In den 1970er Jahren ist von Ulrich Beck „ein gesellschaftlicher Individualisierungsschub von bislang unbekannter Reichweite und Dynamik" beobachtet worden. Die Individuen beanspruchten ein Stück eigenen Lebens, die Verfügung über eigenes Geld, eigene Zeit, eigenen Wohnraum und den eigenen Körper. Sie lösten sich aus den herkömmlichen Bindungen der

Klasse, der Kleinfamilie und des Normalarbeitsverhältnisses und entschieden selbst über die Art ihrer Existenzsicherung und Biographie. Doch bleibt diese Individualisierung ambivalent, riskant und widersprüchlich. Es entstanden neben den Freiheiten neue Zwänge – bestimmt durch Jahrgangs- und Geschlechterzugehörigkeit oder durch Konsumstile und Fernsehgewohnheiten.

In den 1980er Jahren hat Gerhard Schulze Merkmale einer Gesellschaft identifiziert, „die im historischen und interkulturellen Vergleich relativ stark durch innenorientierte Lebensauffassungen geprägt ist.“ Der kategorische Imperativ lautete: Erlebe dein Leben! Das Erleben angenehmer Empfindungen war innen- und subjektorientiert. Das schöne Leben trat an die Stelle eines sich aufopfernden Lebens. Die Konsumgüter wurden durch ihren Erlebniswert bestimmt. Der Körper wurde Erlebnismedium, um Musik, Tanz, Sport, Atem und Liebe körperlich zu spüren, nicht Instrument zum Zweck von Arbeit und Fortpflanzung.

Der Anspruch eigenen Lebens drängt erstens auf die Befriedigung vitaler Bedürfnisse. Sie eröffnet die Chance, neue Märkte in den Bereichen der Bildung, Gesundheit und Kultur zu erschließen und das öffentliche Angebot urbaner Lebensqualität auszuweiten. Kleine und mittlere Unternehmen, die lokale und regionale Märkte bedienen, wären die ersten Anbieter solcher personennaher Dienste. Der Anspruch eigenen Lebens fordert und fördert zweitens den Respekt vor dem menschlichen Arbeitsvermögen. Daniel Cohen, ein französischer Ökonom, meint, dass die reifen Industrieländer gerade die Schwelle zu einem Zeitalter des Arbeitsvermögens betreten. Die treibenden Kräfte der tiefgreifenden Veränderungen in den Unternehmen und Betrieben seien die Mitarbeiterinnen und Mitarbeiter selbst, die sich mit einem reichhaltigen Wissen, höheren Qualifikationen und einer vielseitigen Kompetenz um einen Arbeitsplatz in der gewerblichen Wirtschaft und im Öffentlichen

Dienst bewerben. Sie bestehen darauf, auch während der Erwerbsarbeit autonome Subjekte zu sein. Sie drängen darauf, ihre Arbeitsbedingungen individuell auszuhandeln und die Form ihrer Arbeit selbst zu bestimmen. Das Zeitalter des Arbeitsvermögens ist nicht mehr die Zeit der Industriearbeit. Sie ist durch einen wachsenden Anteil jener Arbeit bestimmt, die sich den Menschen selbst zuwendet. Die Arbeit am Menschen, die Bildung und Pflege des Arbeitsvermögens wird die Produktion und Vermarktung von Waren verdrängen. Folglich wird die kostbarste Ressource des kommenden Jahrhunderts nicht das Kapital oder der Grund und Boden sein, sondern das in den arbeitenden Menschen verkörperte Wissen. Diese Beobachtung gilt auch für die jungen Frauen und Männer in Deutschland, die das Ausbildungssystem mit Qualifikationen und Kompetenzen verlassen, die früher in diesem Ausmaß und in dieser Qualität nicht vermittelt wurden. Sie wollen sich in einer sinnvollen Arbeit selbst entfalten, und nicht in einen Niedriglohnsektor und damit in eine Abwärtsspirale der Entwertung ihres Arbeitsvermögens abgedrängt werden. Sie erwarten von einer „Wissensgesellschaft", dass mit dem Wissen nicht bloß Naturwissenschaft, Technik und Informatik, sondern auch Lebens-, Handlungs- und Orientierungswissen gemeint sind. Und sie erwarten, dass die Unternehmen ihre fachliche, kommunikative und politische Kompetenz als die kostbarste Ressource der Wirtschaft einstufen und angemessen entgelten.

Gleichstellung der Geschlechter

Das Jahr 1968 signalisiert auch den Aufbruch der neuen Frauenbewegung. Durch wechselnde Phasen hindurch zieht sich der Anspruch auf autonome und gleichgestellte Lebensweisen. Die Frauen verweigern die ihnen zugewiesene Rolle, lebenslang an einen erwerbstätigen Mann gebunden und unentgeltlich für die private Hausarbeit, die Betreuung von Kindern und pflegebedürftigen Erwachsenen sowie für ehrenamtliche Tätigkeiten verfügbar zu sein. Ihr Lebensentwurf enthält eine dauerhafte Erwerbstätigkeit, die je nach Lebensentwurf nicht durch die Geburt und Erziehung von Kindern unterbrochen wird.

Der Abschied von der Hausfrauenehe und die Aufnahme einer Erwerbstätigkeit bedeuten für die Frauen in der Regel nicht den Abschied von der Hauptverantwortung für die Haus- und Erziehungsarbeit. Doppel- und Mehrfachbelastungen sind der Preis einer Beteiligung an der Erwerbsarbeit. Selbst wenn die Männer einen kleinen Teil der Hausarbeit übernehmen, bleibt die Hauptlast der Kindererziehung bei den Frauen. Ihr können sie ganz oder teilweise entgehen, wenn sie sich für den kinderlosen Paarhaushalt oder die Ein-Kind-Familie entscheiden. Allerdings äußern 40 Prozent der voll erwerbstätigen Akademikerinnen in Deutschland den Wunsch, Kinder und Erwerbsarbeit miteinander zu vereinbaren, aber nur 6 Prozent realisieren ihn. Es gelingt wohl nur einer Minderheit, sich gleichrangig an der Vollerwerbsarbeit zu beteiligen, diese volle Beteiligung mit der Übernahme von privater Haus- und Erziehungsarbeit zu vereinbaren sowie die beiden Arbeitsfelder halbwegs paritätisch auf sich und ihre männlichen Partner aufzuteilen. Die größere Zahl der voll erwerbstätigen Frauen hat sich darauf eingerichtet, neben der Erwerbstätigkeit den größeren Teil der privaten Haus- und Erziehungsarbeit zu übernehmen – meist indem sie das Volumen an Erwerbsarbeit bis zur Teilzeitarbeit reduzieren. Zu einer halbwegs egalitären Verteilung der Haus- und Erziehungsarbeit kommt es am ehesten, wenn beide Partner voll erwerbstätig sind.

Einklang mit der Natur

Das Naturverhältnis der Gesellschaft ist eine wechselseitige Beziehung. Die ökonomischen Prozesse sind darauf gerichtet, individuelle und gemeinschaftliche Bedürfnisse durch Arbeit und die Nutzung der natürlichen Umwelt zu befriedigen. Gesellschaftliche Lebensweisen, in denen eine größere Sensibilität für die natürliche Umwelt zum Ausdruck kommt, schließen die ausschließlich instrumentelle Nutzung der natürlichen Umwelt aus. „Ich bin Leben, das leben will, inmitten von Leben, das leben will", so hat Albert Schweitzer das Empfinden formuliert, von dem heutzutage zahlreiche Menschen ergriffen sind. Das Handeln gegenüber Menschen, Tieren und Pflanzen orientiert sich an dem ethischen Grundsatz der Biophilie, der „Ehrfurcht vor dem Leben". Damit wird das radikal um den denkenden Menschen zentrierte Weltbild zurechtgerückt, das sich in den modernen westlichen Gesellschaften eingenistet hat. Die menschliche Gesellschaft und die Wirtschaft sind Bestandteil des Ökosystems der Erde. Und die Menschen empfinden sich heute als „humanisierte Natur". Das nichtmenschliche Leben ist nicht bloß wegen seines unmittelbaren Nutzens für die menschliche Gesellschaft erhaltenswert. Eine Gesellschaft, die im „Frieden mit der Natur" zu leben beginnt, ist auf dem Weg, mit ihren eigenen Lebensgrundlagen, mit sich selbst übereinzustimmen. Sie respektiert menschliche und nichtmenschliche Lebewesen als Eigenwert, als Zweck in sich selbst.

Die Absicht, im Einklang mit der natürlichen Umwelt zu leben, verändert die Zeitdimension gesellschaftlicher Lebensweisen. In der Zeit findet die Koordination von Bewegungen statt. Wer ist der Zeitgeber? Wer diktiert den Rhythmus, das Tempo und die Dynamik der eigenen Bewegung? Woran können sich die Menschen orientieren? Der technischen Laufzeit von Maschinen, wechselnden betrieblichen Interessen und der unberechenbaren Willkür eines Chefs gehorchen sie nur notgedrungen. Lieber folgen sie der so genannten inneren Uhr oder dem vitalen Bedürfnis wechselnder Anspannung und Entspannung. Viele wünschen sich, die eigenen Bewegungen am Gleichklang mit dem Leben um sie herum zu orientieren – ihre Augen und Ohren an der Farbe der Blumen und am Gesang der Vögel, ihre Empfindungen an den Menschen und deren Zuneigung, ihre Haut an der Partnerin oder dem Freund, ihre Solidarität an der Familie, den Bekannten und Nachbarn. Die Orientierung am zyklischen Wechsel von Tag und Nacht, von Werktag und Sonntag, von Frühling, Sommer, Herbst und Winter stimmt Menschen ein in den Gleichklang mit der natürlichen Umwelt. Wenn Erwerbstätige verlangen, die tatsächliche Erwerbsarbeitszeit der gewünschten anzupassen, entspringt dies dem Wunsch, die Autonomie über die eigene Zeit zurückzugewinnen. Ihre Zeit in ihren eigenen Händen. Sie wollen selbst darüber befinden, die individuelle freie Zeit synchron mit anderen zu erleben und in Lebenszeit, Kommunikationszeit und Festzeit zu verwandeln.

Den abhängig Beschäftigten wird in Deutschland vorgehalten, sie hätten die meisten Urlaubstage, die meisten Feiertage und die kürzeste Wochenarbeitszeit und lebten in einem Freizeitpark. Doch für die Mehrheit der Erwerbstätigen ist der säkulare Trend einer Verkürzung der tariflichen Wochenarbeitszeit vorerst gestoppt. Die tatsächlichen Arbeitszeiten sind sogar wieder länger geworden und liegen bei 40 Wochenstunden, eineinhalb Stunden über den betrieblich vereinbarten und zweieinhalb Stunden über den tariflich vereinbarten. 50 Prozent der hochqualifizierten außertariflichen Angestellten arbeiten im Schnitt mehr als 40 Wochenstunden, 30 Prozent von ihnen mehr als 48 Wochenstunden. Angesichts der stagnierenden Binnennachfrage und mitten im Konjunkturtief klingen die Forderungen von Arbeitgebern und Politikern, die Erwerbsarbeitszeit kollektiv und ohne Lohnausgleich zu verlängern, ziemlich merkwürdig. Ein Unternehmer, der speziell qualifizierte Arbeitskräfte sucht, die er unter den Arbeitslosen bisher nicht fand, hat an einer allgemeinen Anhebung der Arbeitszeit kein Interesse. Ebensowenig derjenige Unternehmer, der eher Absatz- und Finanzierungsprobleme hat, der mit einer Nachfrage konfrontiert ist, die sein Produktionspotential längst nicht ausschöpft. Eine allgemeine Arbeitszeitverlängerung bei konstanter Güternachfrage würde die Arbeitslosigkeit erhöhen. Dass die Unternehmen die durch längere Arbeitszeiten induzierte Kostensenkung in einer allgemeinen Preissenkung weitergeben, um die Nachfrage anzuregen, ist zum einen unwahrscheinlich und zum anderen nicht erfolgversprechend. Angesichts der hohen Arbeitslosigkeit verspricht eine kollektive Verkürzung der Arbeitszeit mit gestaffeltem Lohnausgleich mehr Erfolg, die Beschäftigung zu erhöhen. Zumindest sollte den abhängig Beschäftigten das Recht auf eine Wahlarbeitszeit zugestanden werden, solange die tatsächliche Arbeitszeit nicht der entspricht, die sie sich wünschen. Männer möchten nämlich in der Regel ihre Arbeitszeit verkürzen, Frauen möchten sie ausweiten. Viele beklagen mit dem wachsenden materiellen Wohlstand einen Zeitnotstand. Sie sind reich an Gütern, aber arm an Zeit. Der Zeitdruck und das Arbeitstempo haben zugenommen, die Lebensqualität nicht.

Politische Optionen

Ökonomische Prozesse und gesellschaftliche Lebensweisen verlaufen gleichsinnig, ambivalent oder widersprüchlich. Wenn die Umbruchshypothese zutrifft, können die politisch Verantwortlichen sich nicht damit herausreden, sie seien entscheidungsunfähig und ratlos, welchen Entwicklungspfad sie abbrechen, umleiten oder verlängern sollen. Ob sie nun intervenieren oder bloß dem Fluss der Ereignisse nachschauen, sie sind entschieden. Sie mögen sich weigern, über eine andere Dimension als die der politischen Pragmatik und der mehrheitsfähigen Verständigung nachzudenken. Aber sie können nicht vermeiden, in den nächsten Schritten bereits eine Ahnung des Weges und der Richtung dieses Weges vorweg zu nehmen. Deshalb sollten die politischen Entscheidungsträger einen Raum gemeinsamer

Überzeugungen und kollektiven Willens abstecken, welche Entwicklungspfade abgeschlossen, fortgesetzt oder verändert werden sollten und wie dazu die praktisch-politischen Weichen zu stellen sind. Im folgenden sollen fünf Weichenstellungen, in denen sich der Respekt vor dem menschlichen Faktor verkörpert, skizziert werden.

Finanzarchitektur

Leistungsfähige Finanzmärkte, die ihre Funktion erfüllen, reale Investitionen der Unternehmen anzuregen, vorhandene Ressourcen optimal auszuschöpfen, wirtschaftlichen Wohlstand für alle zu gewährleisen und die Armut in der Welt zu bekämpfen, sind die erste Voraussetzung für einen erfolgreichen Kampf gegen die Massenarbeitslosigkeit. Damit die Finanzmärkte besser in eine international verbindliche politische Steuerung eingebettet werden, sind von Finanzexperten und sozialen Bewegungen ernst zu nehmende Vorschläge gemacht worden. Sie beziehen sich auf die zwei Grundsätze der Stabilisierung und Beteiligung.

Eine Weltzentralbank als stabilisierende Institution, die ein einheitliches „Weltgeld" ausgibt, oder eine Weltfinanzorganisation unter dem Dach der Vereinten Nationen sind extrem weit ausgreifende Perspektiven. Wirklichkeitsnäher klingen die Forderungen nach einer weltweit zuständige Aufsichtsbehörde und einem internationalen Kreditgeber der letzten Instanz. Um die Folgen einer nicht tragfähigen Auslandsverschuldung abzumildern, sollte ein internationales Insolvenzrecht geschaffen werden. Praktikable makroökonomische Weichenstellungen sind beispielsweise ein Wechselkursband, an dessen Rändern die Zentralbanken intervenieren, um zu verhindern, dass die Kurse aus der Zielzone ausbrechen. Das Störpotential vagabundierender kurzfristiger Kapitalströme kann durch eine Steuer oder durch Kapitalverkehrskontrollen, die im Krisenfall einzusetzen sind, eingedämmt werden. Weil die Rolle des Internationalen Währungsfonds umstritten ist, ob er Krisenhilfe für Musterschüler leistet oder Gläubigerinteressen gegen die betroffenen Schuldner durchsetzt, rechnen manche Experten mit einer Abkehr vom IWF und einem monetären Regionalismus in Europa, Asien und Lateinamerika. Um weiteren Finanzkrisen vorzubeugen oder diese zu bewältigen, ist eine Kooperation der öffentlichen Institutionen mit dem Privatsektor erforderlich.

Mikroökonomische Weichenstellungen konzentrieren sich auf mehr Transparenz z. B. bezüglich der verfügbaren Devisenreserven eines Landes, die als ein Indikator für dessen Widerstandskraft gegen spekulative Währungsattacken gelten. Indikatoren einer Frühwarnung sowie standardisierte und zeitnahe Informationssysteme etwa über das Verhältnis des Kreditvolumens zum Eigenkapital einer Bank sollen die Finanzmarktregulierung verbessern.

Neben dem Internationalen Währungsfonds und der Bank für Internationalen Zahlungsbilanzausgleich hat sich ein „Forum für Finanzmarktstabilität" damit befasst, wie sich die Transparenz, die Aufsicht und das Management der hochspekulativen Fonds verbessern lassen, wie Schwellenländer gegen die Risiken abgesichert werden können, die mit kurzfristigen Kapitalströmen sowie mit der Außenverschuldung privater Akteure verbunden sind, und wie man die Off-Shore-Bankzentren auf internationale Regeln verpflichten kann.

Die Beteiligungsvorschläge internationaler sozialer Bewegungen decken sich einerseits mit den Vorschlägen der Finanzexperten. Anderseits wollen sie die demokratischen Grundlagen internationaler Vereinbarungen und Finanzinstitutionen wiederherstellen. Sie verlangen, dass die freien Bankzonen geschlossen werden und dass Kapitalanleger im Fall mitverschuldeter Finanzkrisen persönlich haften. Einem internationalen Insolvenzrecht wird erhebliches Gewicht zugemessen. Das Schuldnerland soll ein Vergleichsverfahren beantragen dürfen.

Der Antrag wird an eine neutrale internationale Institution adressiert. Das Verfahren ist öffentlich zu führen. Die betroffenen Bevölkerungsgruppen sollen gehört werden. Der Schiedsspruch soll sich an der wirtschaftlichen Leistungsfähigkeit des Schuldnerlandes orientieren. Ein Mindeststandard der Befriedigung von Grundbedürfnissen – Gesundheit, soziale Sicherung, Bildung, Umwelt – soll Vorrang haben gegenüber den Gläubigerinteressen.

Eine radikale Version sieht den Grundsatz der Beteiligung und den Respekt des menschlichen Faktors erst dann verwirklicht, wenn die strategische Rangfolge des monetären Regimes umgekehrt wird: Zuerst soll das inländische Finanzsystem krisenfest gemacht werden, so dass es die Funktionen der Sicherung des Zahlungsverkehrs, der Kapitalvermittlung, des Risikomanagements, der Unternehmenskontrolle und des Kreditgebers der letzten Instanz reibungslos erfüllen kann. Dann erst steht eine Grenzöffnung des Kapitalverkehrs an. Zuerst sollen die soliden Möglichkeiten der Geld- und Kreditschöpfung des inländischen Bankensystems erschlossen werden. Dann erst ist eine externe Finanzierung von Entwicklungsprojekten an der Reihe. Für die menschliche Entwicklung und insbesondere für die Beseitigung der Armut ist die Verzahnung von Finanzinstitutionen, landwirtschaftlicher Erzeugung und kleingewerblicher Industrie vorrangig. Lokale und regionale Genossenschaftsbanken können sich an den Grundsätzen der kollektiven Selbsthilfe und der Ortsbindung orientieren, die Interessen der örtlichen Produzenten berücksichtigen, die Finanzströme an die Warenströme ankoppeln und darauf achten, dass die Kreditgeschäfte überschaubar bleiben. Der Aufbau von Mikro-Finanzinstituten, die den unteren Bevölkerungsschichten einen leichten Zugang zu Spar- und Kreditmöglichkeiten bieten und damit die traditionellen Geldverleiher verdrängen, kann unter den ursprünglich Armen einen selbsttragenden, allmählich wachsenden Kreditkreislauf in Gang setzen. Das ursprüngliche Konzept der

„Grameen-Banken“ in Bangladesh ist von zahlreichen Spar- und Kreditvereinen (Banco Sol, Caja los Andes, Banken in Albanien, Georgien, Bosnien und im Kosovo) erfolgreich kopiert worden. Das nationale Bankensystem sollte dann die Vielfalt der Mikrobanken und Armenbanken integrieren. Eine unabhängige Zentralbank sollte die Geldmenge kontrollieren und für wertstabiles Geld sorgen. Sie sollte die Geschäftsbanken wachstumsorientiert und beschäftigungsfreundlich steuern, den monetären Kreislauf durch Kredit- und Geldschöpfung alimentieren sowie die Finanzinstitute beaufsichtigen und kontrollieren. Sie sollte dazu beitragen, dass aussichtsreiche Investitionen kleiner und mittlerer Unternehmen angeregt werden und dass sowohl der Kapitalflucht von Inländern als auch den Unwägbarkeiten des nur kurzfristig in inländischen Aktien und Schuldtiteln angelegten Finanzkapitals entgegen gesteuert wird.

Erwerbsarbeit

Die Erwerbsarbeit ist auf absehbare Zeit der Schlüssel gesellschaftlicher Integration. Sie ist für die meisten Menschen ein Mittel, um gesellschaftliche Anerkennung zu erfahren, ihre persönlichen Identität zu entwickeln und wirtschaftlichen Wohlstand zu gewinnen.

Einige Wissenschaftler prophezeien das „Ende der Arbeit“. Aber die Hypothese vom Ende der Arbeitsgesellschaft steht auf unsicherem Boden. Es gibt keine Sättigungsgrenzen beim Konsum – jedenfalls nicht bei der Grundschicht der Bevölkerung in Europa und in den Ländern der Dritten Welt. Ein Wirtschaftswachstum ohne zusätzlichen Umweltverbrauch stößt nicht an ökologische Grenzen. Die gestiegene Erwerbsneigung der Frauen verspricht neben dem Anpassungsdruck auf dem Arbeitsmarkt vielfältige Absatzchancen auf den Gütermärkten. Bleibt Vollbeschäftigung trotzdem eine sozialromantische Utopie? Nein, denn es gibt eine Menge privater Bedürfnisse, die nicht befriedigt, und eine Menge öffentlicher Aufgaben, die unerledigt sind. Es gibt genug Arbeit zu tun und auch genug qualifizierte Personen, die arbeitsfähig und arbeitswillig sind. Es fehlt die konzeptionelle und organisatorische Energie, den brachliegenden menschlichen Faktor zu aktivieren und die Wertschöpfung zu steigern. Häufig wird gesagt, Arbeit sei zwar vorhanden, aber nicht bezahlbar. Dass Arbeitsleistungen etwas kosten, ist indessen kein hinreichender Grund dafür, dass sie nicht nachgefragt werden. Denn nicht jede Arbeit, die teuer ist, unterbleibt, und nicht jede Arbeit wird, nur weil sie billig ist, nachgefragt. Neben dem Preis der Arbeit beeinflussen noch andere Faktoren die Nachfrage nach Arbeitskräften. Die Wiederentdeckung der ehrenamtlichen Arbeit ist keine Antwort auf die hohe Arbeitslosigkeit. Wer die Arbeitslosen fragt, ob es ihnen gelänge, mit dem Arbeitslosengeld oder der Sozialhilfe den Ausschluss aus der Erwerbsgesellschaft schöpferisch zu gestalten, antworten sie in der Regel, dass sie weder ein Almosen noch ein Grundeinkommen, sondern an der gesellschaftlich organisierten Arbeit beteiligt sein wollen. Die Argumente, die den Vorteil der Arbeitsteilung, des Tausches und der Erwerbsarbeit, der Marktwirtschaft und der Geldwirtschaft schlecht reden und gegen das hohe Lied der Eigenarbeit und des Ehrenamtes, der Subsistenzwirtschaft und der Tauschringe ausspielen, sind wenig tragfähig.

In der Öffentlichkeit wird häufig die Weichenstellung zur Dienstleistungsgesellschaft beschworen. Die einen verstehen darunter industrie- oder unternehmensnahe Dienste, die sich wie eine Verpackung um die Ware legen, oder das Angebot von Banken und Versicherungen, von Bahn und Post. Andere denken an haushaltsnahe, niedrig entlohnte Dienste, in denen man Langzeitarbeitslose, die gering qualifiziert sind, beschäftigen kann. Der Freizeitbereich bildet die Brücke zu den personennahen Dienstleistungen, die in den Bereichen der Erziehung, der Gesundheit und Altenpflege, der Kommunikation und Beratung sowie der musischen und künstlerischen Betätigung zunehmend nachgefragt und angeboten werden. Personennahe Dienstleistungen, die den menschlichen Faktor ausgezeichnet respektieren, haben unverwechselbare Merkmale: Sie sind nicht speicherfähig wie ein Auto in der Garage oder ein Kühlschrank im Lager. Sie setzen voraus, dass diejenigen, die sie in Anspruch nehmen, und diejenigen, die sie anbieten, zum gleichen Zeitpunkt kooperieren; wenn die Schülerinnen und Patienten nicht mitmachen, läuft die Anstrengung des Lehrers oder der Ärztin ins Leere. Ihr Wert kann nicht nach dem Maßstab der in der Industrie bewährten Produktivität gemessen werden. Wie absurd ein solches Beurteilungskriterium ist, kann derzeit im Krankenhaus, in der Jugendhilfe und in der Drogenberatung unmittelbar beobachtet werden. Die Leistung eines Arztes oder einer Rechtsanwältin wird ja auch nicht nach deren Arbeitsergebnis pro Zeiteinheit beurteilt. So ist die Wertschöpfung einer personennahen Dienstleistung von der Kaufkraft derer, die sie nachfragen, und von der Qualifikation derer, die sie anbieten, oder von einem gesellschaftlich festgestellten Bedarf abhängig. Personennahe Dienstleistungen setzen hohe Qualifikationen und ein Arbeitsvermögen voraus, das erst noch gebildet werden muss. Die Ein-Euro-Jobs zerstören seine Wurzeln und blockieren seine Veredelung. In der Industriewirtschaft wurden Qualifikationen wie das Zählen, Wiegen, Messen verlangt, in der kulturellen Dienstleistungsgesellschaft dagegen sind die Qualifikationen des Heilens, Helfens, Beratens und Spielens wichtiger. Die Dienste, die solchen Qualifikationen entsprechen, werden sowohl öffentlich, also unabhängig von der Kaufkraft der Nachfragenden angeboten, als auch privatwirtschaftlich, also gemäß dem Einkommen und Vermögen der Kunden. Angebot und Nachfrage personennaher Dienstleistungen lassen sich wie die Märkte für Industriewaren markt- und geldwirtschaftlich organisieren, sobald sie als gesellschaftlich nützlich erachtet werden und hoch qualifizierte Arbeitskräfte verfügbar sind.

Personennahe Arbeit ist vorrangig öffentliche Arbeit. Sie ist überwiegend den „Vertrauensgütern" zuzuordnen. Trotz der erwähnten wechselseitigen Kooperation besteht zwischen denen, die sie anbieten, und denen, die sie in Anspruch nehmen, ein ungleiches Verhältnis der Kompetenz. Da die Nachfragenden die Qualität personennaher Arbeit, die sich über einen längeren Zeitraum erstreckt, nicht ganz und sofort durchschauen können, sind sie darauf angewiesen, denen zu vertrauen, die diese Dienste anbieten. Sie brauchen außerdem eine Verhandlungsposition, die sie der Marktmacht der Anbieter beispielsweise von Gesundheits- und Bildungsgütern nicht ausliefert. So gibt es bereits gute ökonomische Gründe dafür, diese Güter öffentlich bereitzustellen. Darüber hinaus entspricht es dem Grundsatz demokratischer Beteiligung, sie als verfassungsfeste Grundrechte anzuerkennen. Was medizinisch notwendig ist, sowie eine Grundbildung, die reale Chancengleichheit verbürgt, sollte jeder Bürgerin und jedem Bürger unabhängig von ihrer Kaufkraft zugänglich sein. Deshalb ist der Staat berechtigt, einen Teil des Volkseinkommens zu beanspruchen und die Wirtschaftssubjekte nach ihrer Leistungsfähigkeit zu besteuern, um jene Ausgaben zu finanzieren, die für die Bereitstellung personennaher Arbeit wie der Bildungs-, Gesundheits- und Kulturgüter notwendig sind.

Andere Arbeit

Die Erwerbsarbeit ist zwar der Hauptschlüssel gesellschaftlicher Integration, aber nicht der einzige. Insofern ist der derzeitige Tanz der Industriegesellschaft um die herkömmliche Erwerbsarbeit ungesund. Die Würde des Menschen wird nicht durch die Beteiligung an der Erwerbsarbeit hergestellt. Und demokratische Gesellschaften sind keine Horde von Arbeitstieren. Seit langem koexistieren in den modernen, marktwirtschaftlich organisierten Gesellschaften drei unterschiedliche

Arbeitformen nebeneinander, nämlich die marktwirtschaftlich und geldwirtschaftlich organisierte Erwerbsarbeit, die private Haus-, Erziehungs- und Beziehungsarbeit sowie das zivilgesellschaftliche Engagement. Alle drei Arbeitsformen respektieren den menschlichen Faktor ohne Abstriche. Sie sind für die Lebensqualität der Gesellschaft nützlich und notwendig.

Dass diese drei Arbeitsformen sachlich sortiert, räumlich getrennt und ausschließlich der einen oder der anderen Person bzw. diesem oder jenem Geschlecht zugewiesen werden, dafür gibt es kaum andere Argumente als die der Weltanschauung, der Tradition und der gesellschaftlichen Macht.

Eine Mehrzahl von Arbeitsformen sollte simultan gewählt werden, etwa herkömmliche Erwerbsarbeit, private Betreuungsarbeit als Kindererziehung und Altenpflege sowie zivilgesellschaftliches Engagement. Wenn die Mitglieder demokratischer Gesellschaften nicht nur nach dem bewertet werden, was sie für den Markt und gegen Bezahlung herstellen, und wenn sie nicht nur leben, um erwerbstätig zu sein, sollte nicht die Erwerbsarbeit, sondern die gesellschaftlich nützliche Arbeit im Brennpunkt der öffentlichen Aufmerksamkeit stehen – und zwar unabhängig davon, ob sie marktförmig organisiert wird oder nicht, und ob sie bezahlt wird oder nicht. Das politische Ziel einer aufgeklärten Vollbeschäftigung lässt sich demzufolge so definieren, dass alle Arbeitsfähigen und Arbeitswilligen das Recht und die reale Chance haben, an der gesellschaftlich nützlichen Arbeit beteiligt und gemäß der Reichweite dieser Beteiligung gegen die gesellschaftlichen Lebensrisiken abgesichert zu sein.

Hoch qualifizierte Männer äußern den Wunsch, ihre Erwerbsarbeit zu reduzieren. Gleichzeitig möchten erwerbstätige Frauen mehrheitlich ihre Teilzeitarbeit ausdehnen, sobald sie von der Haus- und Erziehungsarbeit entlastet sind. Aus Respekt vor dem menschlichen Faktor sollte eine demokratische Gesellschaft in der Lage sein, dafür zu sorgen, dass die tatsächliche Arbeitsform und Arbeitszeit an diese Wünsche angepasst wird und nicht umgekehrt. Sie sollte den uneingeschränkten Zugriff der Unternehmen auf die Zeitautonomie der abhängig Beschäftigten abwehren.

Die so genannten Reformen im Umfeld der Agenda 2010 drohen den Ein-Ernährerhaushalt und die Hausfrauen-Ehe zu verfestigen. Denn auch nach dem Jahrhundertwerk der Steuerreform wird am Ehegattensplitting festgehalten. Die derzeitige familienpolitische Debatte der Parteien ist fast ausschließlich auf die Vereinbarkeit von Erwerbsarbeit und Kinderbetreuung zugespitzt – und zwar als ein Problem, das Frauen bewegt. Es sieht so aus, als würden die großen Parteien die Frauenfrage derzeit zur Familienfrage und diese zur demographischen Frage umstempeln. Aber die Männer sollten unbedingt in die Frage der geschlechtsneutralen Verteilung der gesellschaftlich nützlichen Arbeit einbezogen werden. Der zunehmenden Neigung der Frauen zur Erwerbsarbeit sollte tendenziell eine wachsende Neigung der Männer zur privaten Kindererziehung oder Elternbetreuung folgen. Neben dem anerkannten Recht der Männer auf Teilzeitarbeit sollte ein gemeinsames Wahlrecht von Eltern, wie sie Erwerbsarbeit und private Beziehungsarbeit jeweils kombinieren wollen, gesetzlich geregelt und gegen betriebliche Interessen geschützt werden. Angesichts der Schieflage in der Verteilung der Erwerbsarbeit ist es zumutbar, dass zuerst die Männer ihren Beitrag dazu leisten, damit die gesellschaftlich nützliche Arbeit anders und fair verteilt wird.

Die Männer könnten so entdecken, dass sie an Lebensqualität gewinnen, wenn sie eine größere Distanz zu ihrer Erwerbsarbeit einnehmen. Sie könnten lernen, Erwerbsarbeit und private Beziehungsarbeit so miteinander zu vereinbaren, dass die Grenze zwischen Erwerbsarbeit und alltäglichem Leben nicht zerfließt. Vor allem sollten sie sich nicht einreden, sie seien unersetzlich und verpflichtet, für die Firma zu arbeiten, zu essen, zu trinken und zu schlafen.

Ökologische Umsteuerung

Eine ökologische Umsteuerung der Wirtschaft orientiert sich an der Vorsorge, nämlich am Vermeiden von Umweltschäden. Schon das Entstehen von Umweltbelastungen unterhalb der Gefahrenschwelle soll verhindert oder eingeschränkt werden, damit die Umweltrisiken minimiert, die Materialströme möglichst reduziert, die natürlichen Ressourcen schonend beansprucht und die Lebensgrundlagen langfristig bewahrt werden. Sie führt zu strukturellen Veränderungen in der Produktion, beispielsweise zu Techniken, die weniger Primärenergie verbrauchen, weniger transportintensiv sind, mit weniger Kunststoffen und chemischen Produkten auskommen und zu einer Abkopplung der Umweltbelastung vom Wirtschaftswachstum führen. Der ökologische Umbau ist ehrgeiziger. Er beginnt mit dem Ausstieg aus der Kernenergie, die als Mittel einer dauerhaften Energiesicherung für die Weltbevölkerung ausscheidet. Die fossilen Energieträger sollen sparsam, hochgradig und dezentral genutzt werden. Außerdem sollen Investitionen in die Steigerung der technischen Effizienz, der Ersatz fossiler Energien durch erneuerbare Energien sowie die ernsthafte Reduktion und geologische Einlagerung von CO_2 beschleunigt werden. Ein umweltverträgliches Verkehrssystem bedeutet den Abschied vom Privatauto als dominantem Verkehrsmittel. Priorität haben der öffentlichen Nahverkehr und der Gütertransport auf der Schiene. Nur solche chemischen Stoffe und Produkte sollen noch entwickelt werden, deren biologische Verträglichkeit überprüft worden ist.

Das Reformspektakel der Agenda 2010 hat unvorhergesehene Empörung und Proteste ausgelöst. Ein Grund liegt wohl darin, dass die sozialen Einschnitte nicht überzeugend begründet werden konnten und zudem ohne die angestrebte Wirkung bleiben. Ein zweiter Grund hat wohl darin gelegen, dass die Einschnitte ins soziale Netz als alternativlos propagiert wurden. Dabei ist das Dreieck ökonomischer Prozesse, gesellschaftlicher Lebensweisen und politischer Optionen, der Respekt vor dem menschlichen Faktor im Umbruch moderner Arbeitsgesellschaften weithin aus dem Blick geraten.

6. Gerechtigkeit

„Die Gerechtigkeitsfrage ist in die Gesellschaft zurückgekehrt", hat Wolfgang Thierse im Sommer 2000 behauptet. Ist sie das? Die Agenda 2010 wurde als ein politisches Aktionsprogramm vorgestellt. Folglich hätte ein Nachweis, dass die beschlossenen Maßnahmen geeignet sind, das angestrebte Ziel, nämlich mehr Wachstum und Beschäftigung zu erreichen, genügt, um das Programm zu rechtfertigen. Auch die wiederholte Versicherung des Kanzlers, dass es zur Agenda keine Alternative gebe, hätte eine normative Prüfung überflüssig gemacht. Trotzdem war der Meinungsstreit über das Für und Wider der Agenda normativ aufgeladen. Sie wurde auch danach beurteilt, ob sie sozial gerecht sei.

Parteien-Gerechtigkeit

Wolfgang Clement hatte im Frühjahr 2000 in einer programmatischen Rede dazu aufgerufen, die eingefahrenen Wege zur Gerechtigkeit sowie die vertrauten Gerechtigkeitsideale zu überprüfen und an die Realitäten der neuen Weltwirtschaft anzupassen. Der archimedische Punkt der Überprüfung liege darin, dass Gerechtigkeit mit Ergebnisgleichheit verwechselt werde. Wirtschaftliche Ungleichheiten zu verringern, sei nicht aus sich heraus gerecht, weil die Produktion des Wohlstands seiner Verteilung vorausgehe. Begrenzte, vertretbare Ungleichheit könne individuelle und gesellschaftliche Entfaltungsmöglichkeiten, mehr Wohlstand und ein Mehr an Gerechtigkeit für alle hervorbringen. Folglich sei Gerechtigkeit als Chancengleichheit zu definieren. Diese Behauptung wird mit der progressiven Besteuerung, dem Flächentarifvertrag, der Förderung von Spitzenbegabungen, dem Rückzug des Sozialstaats auf seine Kernaufgabe, Armut zu vermeiden, und mit der Verpflichtung zu einer neuen Verantwortungskultur begründet.

Gerhard Schöder hat zur gleichen Zeit erklärt, man müsse sich von der Idee verabschieden, dass ein Staat in der Lage sei, mehr Gerechtigkeit zu schaffen. Diese Erwartung habe sich als eine große Illusion erwiesen. Ein Staat, der wie eine imperiale Macht die Verantwortung für die Gesellschaft an sich reißt, müsse scheitern. Allgegenwärtiges Ordnen mit Hilfe von Gesetzen, Gewalt und Geld reiche nicht aus. An einem Sozialstaat festzuhalten, der die Arbeiter und Schwachen schützt und die gesellschaftliche Solidarität organisiert, entspringe noch dem Glauben, hauptsächlich durch Umverteilung soziale Gerechtigkeit herstellen zu können. Die zivile Bürgergesellschaft brauche einen aktivierenden Staat, der die Stärke des Rechts und die Regeln des sozialen Wettbewerbs garantiert, der Gesellschaft Raum gibt, ihre Belange selbst zu regeln, und die Individuen befähigt, ihre sozialen, kulturellen und wirtschaftlichen Talente zu entfalten.

Im Kontext des Agenda-Verfahrens waren Koalitions- und Oppositionsparteien darum bemüht, einen „modernen" und „zeitgemäßen" Gerechtigkeitsbegriff zu formulieren. Bei einem Versuch, die unterschiedlichen Stellungnahmen zu sortieren und einzuordnen, lassen sich sieben Facetten unterscheiden:

1. Der Gerechtigkeitsbegriff soll an die Herausforderungen der Globalisierung, des demographischen Wandels, der Wissensgesellschaft, der lang andauernden Arbeitslosigkeit und der sozialen Ausgrenzung angepasst werden.

2. Der Grundsatz der Verteilungsgerechtigkeit gilt als veraltet, weil er ausschließlich auf die Umverteilung materieller Güter oder finanzieller Mittel fixiert sei.

3. Ein erweiterter Begriff der Gerechtigkeit soll mehr auf die Selbstbestimmung und die Lebensentwürfe der Individuen bezo-

gen sein. Insbesondere Bildungschancen und Chancen der Beteiligung am Erwerbsleben seien die zentralen Inhalte einer neuen Gerechtigkeit. Allen Bürgerinnen und Bürgern solle der gleiche Zugang zu den Bildungsgütern offen stehen und alle sollen an der gesellschaftlich organisierten Arbeit beteiligt werden.

4. Der moderne Gerechtigkeitsbegriff ist stärker auf das Leitbild der Freiheit bezogen. In der wirtschaftlichen Freiheitsordnung der neuen sozialen Marktwirtschaft müsse die Freiheit gefestigt werden, damit Solidarität und Gerechtigkeit wieder erlebbar werden. Wer in einer globalisierten Welt Gerechtigkeit wolle, sollte um der Leistungsfähigkeit der Gesellschaft willen die Freiheit stärken.

5. Mit dem Merkmal der individuellen Freiheit wird die Anerkennung größerer Differenzen und Ungleichheiten der Individuen in den Begriff der Gerechtigkeit eingetragen. Die Menschen seien nun einmal unterschiedlich, ihr Interesse an Differenzierung und Abgrenzung bestehe zu Recht. Die Ausschöpfung unterschiedlicher Begabungen und Anstrengungen sei auch für die Gesellschaft verdienstvoll und müsse angemessen entgolten werden. Die hoch Begabten und gesellschaftlichen Eliten trügen nämlich zu mehr Wachstum und Beschäftigung bei und steigerten das Niveau des gesellschaftlichen Reichtums, der dann für alle verteilbar sei. Gerechtigkeit und Solidarität entstünden nicht durch eine möglichst gute Umverteilung, sondern dadurch, dass Leistungsträger gefördert und größere Differenzierungen zugelassen werden.

6. Die beabsichtigte Duldung und Anerkennung unterschiedlicher Begabungen und Leistungen hat zur Folge, den Grundsatz der Leistungsgerechtigkeit aufzuwerten, gemäß dem jeder nach seinem Verdienst entlohnt wird – und zwar nicht nur in der Marktsphäre. Denn dieser Grundsatz gelte auch für das politische Vertragsverhältnis zwischen Staat und Bürger. Auch in der politischen Sphäre könne es keine Leistung ohne Gegenleistung geben.

7. Aus der Sorge heraus, die jetzt lebende, aktive Generation werde zu „Zechprellern an den eigenen Kindern“, wird befürchtet, dass die Generationengerechtigkeit verletzt werde.

Ein vorläufiges Urteil über die sieben Facetten, die den Gerechtigkeitsbegriff anpassen, erweitern, erneuern und modernisieren sollen, muss zuerst die Formeln des parteipolitischen Alltags aussortieren. Dann bleibt noch eine Mischung aus ernsthafter Problemanzeige, Unverständnis und Fehldeutungen übrig. Dass Prinzipien nicht gemolken werden können, also eine Ableitung von Grundsätzen der Gerechtigkeit aus allgemein gültigen letzten Normen scheitert, ist zutreffend beobachtet. In die Formulierung normativer Grundsätze fließt immer auch die Deutung einer konkreten Situation ein, die als besondere Herausforderung an das moralische Bewusstsein empfunden wird. Sobald also die Einsicht in die weltweite Verflechtung wirtschaftlichen Handelns wächst, liegt die Frage nahe, ob sich die Grundsätze der Gerechtigkeit und Solidarität auf den nationalen Raum beschränken lassen. Wieso gerade die Verteilungsgerechtigkeit ins Visier der Parteienvertreter und auch katholischer Prominenz geriet, bleibt rätselhaft. Der Begriff bezeichnet formal die Verteilung von Grundgütern. Damit ist nicht vorentschieden, ob materielle Güter, Lebenserwartungen, Zugangs- und Beteiligungschancen, Machtpositionen oder Rechtsansprüche zur Verteilung anstehen. Wer vermutet, dass Gerechtigkeit mit Ergebnisgleichheit identifiziert werden könne, streitet offenbar gegen Windmühlen. Wieso Politiker einen Konflikt zwischen Freiheit und Gerechtigkeit entfachen, solange die Überzeugung gilt, dass Freiheitsrechte ohne Ansehen der Person, Hautfarbe und Geschlecht für alle gleich gelten, bleibt unverständlich. Da neben der Verteilungsgerechtigkeit mehrere Zusätze zum Begriff der Gerechtigkeit, nämlich Chancen-, Bedarfs-, Leistungs- und Beteiligungsgerechtigkeit gebräuchlich sind, und da der Grundsatz der Gerechtigkeit in verschiedenen gesellschaftlichen Sphären verwendet wird, sollten pauschale Urteile über die Gerechtigkeit vermieden werden. Der analytische Gewinn, den man von der Bezeichnung „Generationengerechtigkeit“ erwartet, ist gering, solange der Begriff der Generation nicht präzisiert wird. Forderungen der Gerechtigkeit im strengen Sinn beruhen auf Gegenseitigkeit. Sie setzen real existierende Rechtspersonen oder Personengruppen voraus. Immerhin bestätigt die Rückkehr der Gerechtigkeitsfrage in die Gesellschaft, dass der Meinungsstreit der Parteien über normative Grundsätze auf aktuelle, situationsbezogene Herausforderungen reagiert, und dass dieser Meinungsstreit an einen weit zurückreichenden Diskurs anschließt.

Spuren der Gerechtigkeit

Das Rad muss nicht neu erfunden werden. Ebenso wenig muss das Wort Gerechtigkeit von den heute lebenden Menschen erstmals gestammelt und buchstabiert werden. Die Spuren der Gerechtigkeit als der zentralen moralischen Kategorie in der politisch-sozialen Sphäre sind längst gelegt. Was zu tun bleibt, ist deren aktuelle schöpferische Auslegung und souveräne Aneignung.

Die ersten Spuren der Gerechtigkeit finden sich bei Platon. Er bietet die älteste bekannte Gerechtigkeitsdefinition: „Gerecht ist eine Handlung, wenn sie jedem das gibt, was ihm zukommt“. Sie geht, so erklärt Platon, auf den Dichter Simonides zurück, der meinte, man müsse jedem das ihm Geschuldete geben. Die geläufige Kurzformel „Jedem das Seine“ entstammt einer Fassung des römischen Rechtsgelehrten Ulpian: „Gerechtigkeit ist der feste und dauerhafte Wille, jedem das Seine zuzuteilen“. Für die Gerechtigkeit ist die Beziehung zum anderen charakteristisch. Sie gilt intersubjektiv, interpersonal. Von etwas zu behaupten, es sei gerecht, ist keine Feststellung einer Tatsache, sondern ein positives moralisches Urteil. Die formale Bestimmung der Gerechtigkeit setzt Standards voraus, nach denen etwas als gerecht beurteilt wird. Diese Standards beanspruchen nicht nur soziale, sondern vor allem normative Geltung. Sie erfüllen den Standpunkt der Unparteilichkeit. Eine Theorie der Gerechtigkeit hat erstens menschliche Handlungen und Handlungsvermögen, zweitens subjektive moralische Rechte, drittens gesellschaftliche Verhältnisse, Regeln und Institutionen sowie viertens Gerechtigkeitsstandards zum Gegenstand. Für die Gerechtigkeit von Handlungen und gesellschaftlichen Verhältnissen sind individuelle und kollektive Subjekte verantwortlich, die leidensfähig sind, über Selbstbewusstsein verfügen, nach Autonomie streben und sich als Mitglieder einer moralischen Gemeinschaft begreifen.

Verteilungsgerechtigkeit

Der griechische Philosoph Aristoteles billigt der Gerechtigkeit eine überragende Stellung zu, weil sie mit den zwei Dimensionen – dem Bezug zum anderen und zur Ordnung der Stadt als Garantin des guten Lebens – alle anderen Tugenden enthält. Auch in der christlichen Tradition wird sie wegen dieser doppelten Dimension außerordentlich hoch geschätzt. Sie gehört zu den vier Kardinaltugenden, und unter diesen hält sie den obersten Rang. Daneben wird sie vor allem als Grundregel und Strukturnorm einer wohl geordneten Gesellschaft begriffen. Aristoteles unterscheidet zunächst eine „allgemeine" und eine „besondere" Gerechtigkeit. Die allgemeine Gerechtigkeit bezieht sich auf alle moralischen Rechte und Pflichten, die Menschen wechselseitig zugestehen. Insofern er die Gerechtigkeit auf die Stadt und ihre Gesetze bezieht, kann er sie auch „legale" Gerechtigkeit nennen. Die besondere Gerechtigkeit dagegen umschreibt eine Teilklasse des moralisch Geschuldeten. Sie bezieht sich auf die Regelung von Konflikten, die unter Menschen über die Vor- und Nachteile des Zusammenlebens entstehen. Sie ist ein Maßstab für die verhältnismäßige Verteilung von Gütern und Lasten. Die Verhältnismäßigkeit ist dann gewahrt, wenn die Vor- und Nachteile für den Einzelnen in einem angemessenen Verhältnis zueinander und zu den Vor- und Nachteilen der anderen stehen, und wenn sie dem Einzelnen zuteilen, was ihm zusteht. Offensichtlich hat es die besondere Gerechtigkeit mit der richtigen Verteilung der Güter zu tun. Nun wird die besondere Gerechtigkeit von Aristoteles in die „austeilende" und die „ausgleichende" Gerechtigkeit unterschieden. Die austeilende Gerechtigkeit regelt die Zuteilung von Gütern, Lasten, Rechten, Zuständigkeiten, Chancen und Ämtern an die einzelnen Mitglieder gemäß ihren Verdiensten und ihrer Stellung in einer Gesellschaft, die durch familiäre, rechtliche, wirtschaftliche oder politische Kooperation bzw. durch ein moralisches Band zusammengehalten wird. Die ausgleichende Gerechtigkeit regelt die Beziehungen einzelner Gesellschaftsmitglieder in Vertrags- und Tauschbeziehungen, die durch freiwillige Vereinbarung entstehen. Sie fordert gemäß dem Grundsatz der Äquivalenz eine strenge Entsprechung von Leistung und Gegenleistung. Statt des inhaltlichen gilt auch ein formaler Standard: das Einverständnis freier und gleichberechtigter Tauschpartner, das im beiderseitigen Interesse und unter Bedingungen zu Stande gekommen ist, die einen wechselseitigen Vorteil sicherstellen.

Die aristotelischen Unterscheidung von austeilender und ausgleichender Gerechtigkeit macht deutlich, dass die Tauschgerechtigkeit gegenüber der Verteilungsgerechtigkeit nachrangig ist. Denn gerechte Tauschhandlungen sind nur möglich, wenn jeder der Tauschpartner bereits über einen gerechten Anteil an Gütern und Rechten verfügt. Er tauscht sie mit anderen, die ebenfalls über gerechte Anteile an Gütern und Rechten verfügen. Tauschgerechtigkeit setzt also aktuell das Bestehen einer gerechten Verteilung voraus. Diese kann zwar wieder aus Tauschhandlungen hervorgegangen sein, doch lässt sich keine unendliche Kette verfolgen, ohne dass zuletzt eine gerechte Ausgangsverteilung angenommen wird. Deshalb hat die Verteilungsgerechtigkeit gegenüber der Tauschgerechtigkeit einen zeitlichen und logischen Vorrang. Zugleich wird klar, dass die Verteilungsgerechtigkeit nicht auf die Zuteilung materieller Gegenstände beschränkt ist. Zur Verteilung stehen Grundgüter wie Freiheiten, Rechte, Macht, Chancen, Einkommen und Vermögen an. Rechte, Chancen und legitimierte Macht sind nämlich keine Naturereignisse. Sie werden durch die Regeln des gesellschaftlichen Zusammenlebens, und zwar nach dem Maßstab der Gerechtigkeit geschaffen und zugeteilt. Offenbar ist die Verteilungsgerechtigkeit nicht auf die Ergebnisse gesellschaftlicher Prozesse beschränkt. Sie verdinglicht auch keineswegs die zentralen Aspekte des gesellschaftlichen Lebens wie etwa die kulturelle und symbolische Anerkennung sowie die Funktionen sozialer Regeln und Beziehungen. So geht in das moralische Urteil über ein Verteilungsergebnis das moralische Urteil darüber ein, wie das Resultat zu Stande gekommen ist. Die Vertreter des Gesellschaftsvertrags prüfen, welche Regeln des Zusammenlebens ausgezeichnet oder verworfen werden sollen und wie eine direkte Beteiligung die Ausübung politischer Macht kontrollieren kann. Demnach ist die Verteilungsgerechtigkeit auch als kritischer Maßstab gesellschaftlicher Prozesse, Funktionen und Regeln vorzugswürdig.

Soziale Gerechtigkeit

Im christlichen Mittelalter wurde das antike Naturgesetz personifiziert und in einen göttlichen Gesetzgeber verlagert. Die von Gott gedachte und geplante Weltordnung spiegelte sich nach dieser Auffassung in der irdischen Gesetzgebung eines verantwortlichen, gewissenhaften Monarchen, der weise Gesetze erlässt. Die Orientierung des Handelns an einem solchen Gesetz nannte Thomas von Aquin, indem er sich Aristoteles anschloss, „allgemeine“ bzw. „gesetzliche“ Gerechtigkeit“. Und wie Aristoteles unterschied er zwei Unterformen der besonderen Gerechtigkeit, erstens die „Verteilungsgerechtigkeit“, die regelt, welche Güter und Lebenschancen von der Gemeinschaft den Individuen zugeteilt werden und welche Beiträge die Individuen an die Gemeinschaft zu leisten haben, und zweitens die „Tauschgerechtigkeit“, die gemäß dem Grundsatz der strengen Gegenseitigkeit von Leistung und Gegenleistung auch „Marktgerechtigkeit“ genannt wird.

Die Verankerung der irdischen Gerechtigkeit im schöpferischen Willen eines göttlichen Gesetzgebers sowie die Anerkennung einer hierarchischen Spitze in Kirche und Staat als realsymbolische Stellvertretung Gottes waren indessen nur im Kontext einer religiös gebundenen Gesellschaft möglich. Als in der Folge der Französischen Revolution die Dynastien, die sich von einer überirdischen Macht inthronisiert glaubten, gestürzt wurden, lösten sich die Gesellschaften auch aus der religiös-kirchlichen Umklammerung und differenzierten sich in Teilsysteme aus. In der Folge war eine Verständigung über verbindliche Normen der Gerechtigkeit nicht mehr möglich, die einem gesellschaftlichen Dialog vorausgingen und ihm vorgegeben waren. Sie konnten allenfalls in dessen Verlauf und als Ergebnis gesellschaftlicher Auseinandersetzungen Zustimmung finden. Ein Jahrhundert später geriet im Zuge der industriellen Revolution die Masse der Arbeiter in bedrückendes wirtschaftliches und soziales Elend. Spätestens zu dieser Zeit brach die Idee einer wohl gefügten Gesellschaftsordnung und eines inhaltlich vorgegebenen Gemeinwohls endgültig zusammen. So wurde der Begriff der Gerechtigkeit auf die Situation des Hungers und der Krankheit, der Ausgrenzung und Ausbeutung bezogen, der die Arbeiterklasse infolge der Vertreibung von den Landgütern sowie der um sich greifenden Arbeitslosigkeit und mangelnden Bildung ausgeliefert war. Er wurde als kritischer Maßstab gegen die herrschende Ordnung und die sozialen Verhältnisse gerichtet. Die Arbeiterbewegung reagierte auf ihre Situation mit der Forderung nach „sozialer Gerechtigkeit". Dieser Begriff bringt zum Ausdruck, dass angesichts der asymmetrisch verteilten Lebenschancen und Lebensrisiken, denen Klassen, Regionen, Geschlechter und Generationen unterworfen sind, ein richtiger Ausgleich der Rechte und Pflichten erst einmal und dann immer wieder hergestellt werden muss. Die Orientierungen des guten Lebens, die in einem partikulären sozialkulturellen Milieu gelten und dessen Identität sichern, können jedoch nicht für alle Mitglieder pluraler Gesellschaften verbindlich gemacht werden. Deshalb müssen sich die Mitglieder solcher Gesellschaften über ein Suchverfahren verständigen, das ihnen unter fairen Spielregeln ermöglicht, Gerechtigkeitsgrundsätze zu formulieren, die für alle gelten.

Gerechtigkeit als Fairness

Im Kontext einer freiheitlich und sozial verfassten Demokratie hat der amerikanische Sozialphilosoph John Rawls eine ethische Theorie der „Gerechtigkeit als Fairness" entworfen. Er versetzt die Gesellschaftsmitglieder in eine Spielsituation, in der um die Grundregeln des Zusammenlebens gespielt wird: Welche Grundsätze würden freie Personen wählen, wenn sie ihre Gesellschaftsform in einer ursprünglichen Situation der Gleichheit definierten? Dabei rufen sie nicht nach dem Urteil eines weisen, unparteiischen und wohlwollenden Zuschauers, sondern folgen dem rationalen Eigeninteresse sowie einer vernünftigen Verständigung unter den Beteiligten. Die ursprüngliche Situation wird durch zwei Rahmenbedingungen, nämlich die Einstimmigkeit und den Schleier des Nichtwissens definiert. Folglich sind nur einstimmige Beschlüsse zugelassen. Die Spieler wissen zwar, dass es in der Gesellschaft unterschiedliche Fähigkeiten und Rangstufen gibt, kennen aber nicht die eigene zukünftige Position. Als Ergebnis des Spiels werden zwei Gerechtigkeitsgrundsätze formuliert. Der erste (Gleichheitsgrundsatz) anerkennt für jeden ein gleiches Recht auf das umfangreichste Gesamtsystem gleicher Grundfreiheiten, das für alle möglich ist, der zweite (Differenzgrundsatz) lässt soziale und wirtschaftliche Ungleichheiten zu; diese müssen jedoch so beschaffen sein, dass sie den am wenigsten Begünstigten den größtmöglichen Vorteil bringen und mit Ämtern und Positionen verbunden sind, die allen gemäß der fairen Chancengleichheit offen stehen.

Im Kontext ausdifferenzierter Gesellschaften und repräsentativ verfestigter Demokratien, wächst die Neigung, den Gerechtigkeitsbegriff vom Konzept politischer Beteiligung her zu definieren. „Beteiligung“ wird als neuer Name für Gerechtigkeit vorgeschlagen. Er zeigt eine Suchbewegung auf diejenigen hin an, denen die Mitwirkung an politischen Entscheidungen versagt ist, äußert eine Parteinahme zu Gunsten der Armen, Machtlosen und Illegalen, die am Rand der Gesellschaft oder gar von ihr ausgeschlossen leben. Strukturen, die Defizite an politischer Beteiligung und wirtschaftlicher Mitbestimmung aufweisen, sollen nach dem Maßstab der Beteiligungsgerechtigkeit umgebaut werden. Beteiligungsgerechte Strukturen sollen gewährleisten, dass in den politischen Auseinandersetzungen jeder sich und seine Interessen selbst vertritt.

Mit dem Leitbild der Beteiligungsgerechtigkeit ist ein Verweis auf die Anerkennung der Menschenrechte verbunden, die in modernen Verfassungen verankert ist. Nicht nur die Verfechter einer freien Marktwirtschaft, sondern die meisten Demokraten denken dabei zuerst an die bürgerlichen Freiheitsrechte. Zu diesen individuellen und institutionellen Abwehrrechten gegen mögliche Übergriffe des Staates zählen sie die Vertragsfreiheit und das vom Staat garantierte Eigentumsrecht. Von diesen Abwehrrechten lassen sich wirtschaftliche und soziale Anspruchsrechte unterscheiden. Sie definieren Ansprüche auf eine Grundausstattung von Waren und Diensten, die zu einem menschenwürdigen Leben erforderlich sind, etwa ein soziokulturelles Existenzminimum, ein gesundes Leben, eine angemessene Wohnung, Arbeit und Bildung. Sie gehören zu den materiellen oder kulturellen Voraussetzungen, damit Menschen ihre Freiheitsrechte in Anspruch nehmen können. Sie sind als Staatsziele formuliert oder in Sozialstaatsklauseln eingeschlossen. Eine dritte Form von Grundrechten definiert den Anspruch auf eine aktive Mitgestaltung der öffentlichen Vorgänge und Institutionen, von denen die Einzelnen mittel- oder unmittelbar betroffen sind. Die Rangfolge bürgerlicher Freiheitsrechte, sozialer Grundrechte und politischer Beteiligungsrechte orientiert sich an der geschichtlichen Abfolge, wie sie öffentlich eingeklagt wurden. In der Französischen Revolution ist die freie Selbstbestimmung der Menschen verteidigt und die Willkür staatlicher Macht beschränkt worden. Die Freiheitsrechte blieben solange auf Männer, Bürger, Rassen und Klassen begrenzt, bis feministische, soziale und ethnische Befreiungsbewegungen derartige Diskriminierungen beseitigten. Kapitaleigner und Unternehmer bedienten sich des Privateigentumsrechts und der Vertragsfreiheit als eines Menschenrechts, bis aus den Konflikten der Arbeiterbewegung die wirtschaftlichen und sozialen Grundrechte formuliert und im Sozialstaat verfassungsfest gemacht wurden. Und gegen das Abgleiten repräsentativer Demokratien in Parteien-, Verbände- und Verwaltungsregime wurden politische Gestaltungsrechte proklamiert. Wichtiger als die geschichtliche Abfolge der Menschenrechte ist ihre logische Rangfolge, durch die sie auf eine demokratische Gesellschaft bezogen werden. Dann steht an erster Stelle das Recht von Bürgerinnen und Bürgern, an den gesellschaftlichen Prozessen der öffentlichen Meinungs- und Willensbildung teilzunehmen und sich darin selbst zu vertreten. „Beteiligungsgerechtigkeit" ist die vorrangige, nämlich demokratische Ausdrucksform der Gerechtigkeit.

Vorrang der Gleichheit

Die parteipolitische Debatte und die sozialethische Spurensuche belegen, dass Gerechtigkeit der leitende normative Maßstab ist, um gesellschaftliche Verhältnisse und politische Ordnungen zu beurteilen. Sie zeigen jedoch auch, dass die Grundsätze der Gerechtigkeit als eine normativ-moralische Antwort auf situative politische Herausforderungen zu begreifen sind. Ihre inhaltliche Bestimmung hängt von der Deutung der gesellschaftlichen Situation ab. Da die sozioökonomische Lage in Westeuropa und in der Welt durch eine wachsende Differenzierung und Polarisierung der Lebenschancen bestimmt ist, neigen politische Entscheidungsträger dazu, im Namen der Gerechtigkeit politisch abzusegnen, was sie im Trend beobachten. Dagegen steht die plausible Vermutung, dass die Gleichheit einen zentralen Stellenwert im Begriff der Gerechtigkeit einnimmt. Aber ist nicht der Begriff der Gleichheit selbst klärungsbedürftig? Wie soll der Nachweis gelingen, dass Gleichheit ein notwendiger Bestandteil des Gerechtigkeitsbegriffs, gar der „Inbegriff der Gerechtigkeit" (Stefan Gosepath) ist?

Zunächst bedeutet Gleichheit nicht Identität. Zwei Menschen sind zwar gleich, aber nicht identisch. Gleichheit ist die qualitative Übereinstimmung einer Mehrzahl von Personen oder Sachverhalten in einem bestimmten Merkmal, während andere Merkmale verschieden sind. Die Behauptung der Gleichheit zweier Menschen verlangt eine ergänzende Antwort auf die Frage: In welcher Hinsicht sind sie gleich? Sie sind beispielsweise gleich hinsichtlich ihrer musischen Begabung oder ihres Geburtsorts Bad Aibling. Der Zusammenhang zwischen Gerechtigkeit und Gleichheit wird über drei Gleichheitsgrundsätze hergestellt. Ein erster formaler Gleichheitsgrundsatz, der ohne Ausnahme und Parteilichkeit anzuwenden ist, heißt: Es ist gerecht, Personen, die gleich sind, gleich zu behandeln; und es ist gerecht, Personen, die ungleich sind, ungleich zu behandeln.

Der Grundsatz formaler Gleichheit wird dann durch den zweiten Grundsatz der verhältnismäßigen Gleichheit erläutert. Danach erfolgt die Zuteilung von Gütern und Rechten an alle Personen im Verhältnis zu dem, was ihnen zukommt. „Gleicher Lohn für gleiche Arbeit" ist ein Ausdruck verhältnismäßiger Gleichheit. Schließlich sind die beiden Grundsätze formaler Gleichheit mit dem Grundsatz moralischer Gleichheit inhaltlich zu füllen. Dieser besagt, dass jede Person einen moralischen Anspruch darauf hat, mit der gleichen Achtung und Rücksicht behandelt zu werden wie jede andere. Jeder ist von einem unparteilichen Standpunkt aus als autonome Person zu respektieren und als Gleiche, jedoch nicht gleich zu behandeln. So wird der Vorrang der Gleichheit bekräftigt, als eine Vor-Vermutung gleicher Verteilung. Diese übersetzt den normativen Anspruch moralischer Gleichheit als ein Verfahren der Beweislastverteilung. Alle Ungleichheiten einer unterschiedlichen Ausstattung mit Gütern bedürfen einer rechtfertigenden Begründung, die sich auf die verteilungsrelevanten Unterschiede der Personen bezieht. Sonst gilt die Gleichheitsvermutung.

Gegen die Gleichheitsvermutung werden starke Einwände erhoben. Es wird behauptet, dass diejenigen, die Gleichheit fordern, übersehen, dass das moralische Subjekt nie der generalisierte Andere, sondern immer die empirisch konkrete menschliche Person ist. Diese kann zu Recht differenzierte gesellschaftliche Positionen beanspruchen, die sie sich auf Grund eigener Talente und Anstrengungen erworben hat. Die Gesellschaft ist eben nicht die Eigentümerin eines Reservoirs, aus dem alle individuellen Kompetenzen geschöpft werden. Die Verfechter des Gleichheitsgrundsatzes scheinen darauf zu vertrauen, dass eine aufwendige sozialstaatliche Bürokratie die Gleichheit der Bürger herstellen könne. Folglich stürzen sie diese während des Rennens um gesellschaftliche Positionen in eine aussichtslose Aufholjagd, die auf einen Ausgleich zielt, der nie erreicht wird.

Nun lässt sich offenbar aus der moralischen Gleichheit und dem Vorrang gleicher Verteilung keine strikte Gleichverteilung von Gütern ableiten. Gegen eine strikte Gleichheit sprechen folgende Gründe: Auf die Frage nach der „Gleichheit von was?“ muss angegeben werden, welche Güter verteilt werden sollen, etwa Geld, Chancen oder Machtmittel. Die Art und Weise sowie das Volumen der Verteilung ändern sich, je nachdem ein kurzer oder längerer Zeitraum vorgesehen ist. Zwischen dem gesamtwirtschaftlichen Leistungsniveau bzw. Leistungsvermögen und gleicher Verteilung muss eine Balance gefunden werden, die Leistungsanreize nicht lähmt. Allerdings kann das Pareto-Optimum, dem gemäß kein wirtschaftlicher Akteur besser gestellt werden kann, ohne gleichzeitig einen anderen schlechter zu stellen, durch den Anspruch moralischer Gleichheit korrigiert werden. Ob sich eine Beseitigung der Ungleichheit, indem alle nach unten gezogen werden, um ihrer selbst willen rechtfertigen lässt, kann wohl nur positiv beantwortet werden, wenn dies einen identifizierbaren Nutzen stiftet und sich keine vorzugswürdige Alternative anbietet. Sobald Individuen das Recht beanspruchen, dass ihre unterschiedlichen Bedürfnisse und Interessen respektiert werden, sind sie verpflichtet, Verantwortung für die eigenen Entscheidungen und deren Konsequenzen zu übernehmen. Folglich sind Ungleichheiten, die sich aus solchen freiwilligen Optionen ergeben, zu dulden und nur unter Vorbehalt auszugleichen. Einer moralischen Beurteilung unterliegen nicht nur die gesellschaftlichen Verhältnisse, die aus bestimmten Verteilungsregeln hervorgegangen sind, sondern auch die Verfahren, die solche Ergebnisse verursacht haben. Und schließlich sind die Ungleichheiten, die aus der Unfähigkeit entstehen, Unterschiede zu erkennen und anzuerkennen, ebenso schwerwiegend wie diejenigen, die dem Fehler zugeschrieben werden müssen, nicht alle Personen und Personengruppen als Gleiche zu achten.

Gute Gründe sprechen dafür, den Grundsatz der komplexen Gleichheit für die Verteilung unterschiedlicher Klassen von Gütern und Leistungen in unterschiedlichen Sphären, nämlich der politischen, wirtschaftlichen, sozialen oder kulturellen Sphäre, und gemäß unterschiedlichen Kriterien normativ und sozial gelten zu lassen. Für die gesellschaftlichen Verhältnisse und die politische Ordnung lassen sich dann folgende Grundsätze der Gerechtigkeit und Gleichheit angeben:

Erstens gilt für die Verteilung von Grundrechten die ausnahmslose Gleichverteilung politischer Beteiligungsrechte und bürgerlicher Freiheitsrechte, ebenso die ausnahmslose Gleichverteilung wirtschaftlich-sozialer Leistungsrechte, die einen Mindestanteil am gesellschaftlichen Reichtum definieren. In diesem Minimum ist eine Grundausstattung an Nahrung, Kleidung und Wohnung enthalten, mit deren Hilfe die soziokulturellen Bedürfnisse des alltäglichen Lebens befriedigt werden. Grundrechte werden nur durch die Grundrechte der anderen beschränkt.

Zweitens gilt für die Verteilung von Chancen eine reale Chancengleichheit wirtschaftlicher und sozialer Positionen. Die Chancengleichheit bliebe formal, wenn die Individuen bloß die gleiche Chance hätten, ihre Persönlichkeiten gemäß den individuellen Kompetenzen und Interessen zu entfalten und einen allgemeinen Zugang zu einer angemessenen Ausbildung, gesundheitlichen Versorgung sowie sinnvollen und anerkannten Erwerbsarbeit zu finden. Real ist die Chancengleichheit, wenn die Individuen ungeachtet unterschiedlicher Talente und Motivationen effektiv gleiche Lebensaussichten haben. Das ist der Fall, wenn alle natürlichen Benachteiligungen und gesellschaftlichen Diskriminierungen, die jenseits der individuellen Leistungsfähigkeit und Leistungsbereitschaft der Betroffenen liegen, also die Zufallsergebnisse der natürlichen und gesellschaftlichen Lotterie, ausgeglichen werden, auch wenn die Betroffenen sie nicht als verletzend und demütigend empfinden. Eine unterschiedliche Behandlung gesellschaftlicher Diskriminierungen und natürlicher Differenzen, die angeblich nicht verletzend sind, scheitert daran, dass eine Trennung zwischen natürlich und gesellschaftlich bedingten Differenzen oft nicht möglich ist. Dass gesellschaftliche Diskriminierungen auszugleichen sind, wird jedoch nicht bestritten.

Drittens gilt die Schranke einer Gleichverteilung realer Lebensaussichten, gemäß der jedes Individuum für die Resultate selbstgewählter Optionen persönlich verantwortlich sei, nur unter Vorbehalt. Denn die individuelle Verantwortung für die ungleiche Verteilung jener Talente und Motivationen, die den Zugang zu den notwendigen Gesundheits- und Bildungsgütern sowie zur Aktivierung des Arbeitsvermögens versperren, ist relativ gering, wenn man sie mit den familiären Ressourcen, der Schichtenzugehörigkeit, den tatsächlichen Bildungsgängen, der Machtposition oder der Zugehörigkeit zu einer Jahrgangsgruppe vergleicht. Deren Einfluss auf die reale Chancengleichheit ist viel bestimmender.

7. Soziale Sicherung in modernen Gesellschaften

Die Regeln, Institutionen und Normen der sozialen Sicherungssysteme in Deutschland stehen unter einem massiven öffentlichen Rechtfertigungsdruck, dessen Verstärker und Opfer die Agenda 2010 zum Teil selbst geworden ist. Er lässt sich auf drei Behauptungen zuspitzen: Die Deutschen können sich die komfortablen Sicherungssysteme, die aus den Zeiten des Wachstums und der Vollbeschäftigung stammen, nicht mehr leisten. Selbst wenn sie finanzierbar wären, wiegt der Nutzen, den sie stiften, die Schäden nicht auf, die sie erzeugen. Auf die neuen gesellschaftlichen und biographischen Lebensrisiken sind sie nicht zugeschnitten.

Zur Begründung wird vorgebracht, dass die sozialen Sicherungssysteme eine erhebliche Kostenbelastung und Standortschwäche seien. Auf globalen Märkten konkurrierten Nationalstaaten um die Wettbewerbsvorteile niedriger Löhne, Steuern und Sozialabgaben. In anderen europäischen Ländern seien schon längst, ungeachtet der Anlage ihrer jeweiligen Sozialsysteme als Arbeiter- oder Volksversicherung, die staatlich zugesagten Renten nach und nach gekürzt worden. Die Arbeitsverhältnisse seien von Abgaben entlastet, die Arbeitgeberanteile verringert, das Renteneintrittsalter hinausgeschoben und die private Vorsorge gefördert worden. Infolge der hohen Arbeitslosigkeit und der stagnierenden Lohnentwicklung hat sich die Schere zwischen den Einnahmen und Ausgaben der Sicherungssysteme geöffnet. Entweder würden die Erwerbstätigen mit höheren Sozialbeiträgen belastet oder die Sozialbudgets durch rigorose Leistungskürzungen entlastet.

Ein komfortables solidarisches Sicherungssystem verleite zum Missbrauch, der auf zwei Ursachen beruhe. Arbeitslose ziehen die Sozialleistungen, die zusätzliche Freizeit und eine mögliche Arbeit in der Schattenwirtschaft der Aufnahme einer regulären Erwerbsarbeit vor. Sie sind Opfer einer „Sozialstaatsfalle“. Denn die Sozialleistungen reichen an das untere Tariflohnniveau heran, so dass Arbeitsgelegenheiten, deren Entlohnung dieses Niveau unterschreitet, nicht nachgefragt werden. Da außerdem jedes Arbeitseinkommen voll auf die Sozialleistungen angerechnet wird, ist kein Anreiz vorhanden, eine reguläre Erwerbsarbeit aufzunehmen. Gegen üppig ausgestattete Sicherungssysteme spreche auch die allgemeine Steigerung des Wohlstands. Die große Mehrheit der privaten Haushalte verfüge über ein Einkommen und Vermögen, das dazu beitragen kann, größere Lebensrisiken abzusichern. So könnten die öffentlichen Leistungen auf eine Mindestsicherung abgesenkt werden, während das Niveau der Sicherung von Lebensstandard und Gesundheitsversorgung dem privaten Ermessen überlassen bleibt. Den staatszentrierten Sicherungssystemen wird schließlich vorgeworfen, sie seien bürokratisch aufgebläht und darauf fixiert, Geld oder materielle Güter zu verteilen. Diejenigen, die in Armut und riskantem Wohlstand leben, bräuchten jedoch in erster Linie persönliche Zuwendung.

Die starke Orientierung der deutschen Sozialsysteme an einer Arbeiterversicherung erweist sich als ihr blinder Fleck. Denn gegenüber den neuen gesellschaftlichen Risiken, die aus einer mehrfach unterbrochenen Erwerbsbiographie und dem Wechsel von abhängiger und selbständiger Beschäftigung, aus biographischen Brüchen in Partnerbeziehungen sowie aus der Lebenslage von Haushalten mit Kindern erwachsen, sind die traditionellen Sicherungssysteme überfordert. Viel schwerwiegender als die Finanzierungskrise sind die Leistungskrisen der sozialen Sicherung.

Risikogesellschaft

Ulrich Beck hat 1986 die gegenwärtige Gesellschaft als Risikogesellschaft gekennzeichnet. Sie setzt, wie er meint, die Industriegesellschaft fort und hebt sie in dreifacher Hinsicht auf: Die Trennlinie zwischen Natur und Gesellschaft zerfließt. Die herkömmliche Familie verliert ihre Bindekraft. Die politische Macht des Zentralstaats wird brüchig. Becks Identifizierung gesellschaftlicher Risiken in Industriegesellschaften sowie seine Beobachtung, dass gegenwärtige Gesellschaften neue systemische Risiken hervorbringen, sind präzise formuliert und treffen zu. Moderne Gesellschaften verursachen eine Reihe gesellschaftlicher Risiken, die das Streben nach sozialer Sicherheit und deren Organisation rechtfertigen.

Moderne Gesellschaften

Moderne Gesellschaften sind zunächst durch ihren Kontrast zu traditionellen Agrar- und Feudalgesellschaften gekennzeichnet. In diesen Gesellschaften waren die Bereiche der Wissenschaft, Kunst und Politik von einer einzigen und verbindlichen Religion zusammen gehalten. Galilei unterwarf sein Wissen der päpstlichen Lehre. Kaiser Heinrich IV. trat den Gang nach Canossa an, um im Amt zu bleiben. König Heinrich IV. von Navarra war Paris eine Messe wert. Auch die Moral, die sich auf dem Fundament der Religion behauptete, umklammerte alle Sphären solcher engmaschigen Gesellschaften. Sie gab dem individuellen Handeln Orientierung, verpflichtete alle Mitglieder auf das Gemeinwohl und stiftete kollektive Identität. In modernen Gesellschaften dagegen ist kein Raum mehr für derartige inhaltlich vorbestimmte religiöse und moralische Überzeugungen, die von allen geteilt werden.

Moderne Gesellschaften orientieren sich am Leitbild der Aufklärung, das die Befreiung des Menschen von selbst- und fremdverschuldeter Unmündigkeit proklamiert, also von allen Machtträgern, Traditionen und Institutionen, die der kritischen Prüfung durch die autonome Vernunft und die Zustimmung des Volkes nicht standhalten. Dem individuellen Subjekt wird eine herausragende Stellung eingeräumt. Ebenso der erkennenden Vernunft beim Aufspüren der Naturgesetze, beim Anwenden empirischer und analytischer Verfahren sowie bei der Entwicklung von Naturwissenschaft und Technik. Der industrielle Kapitalismus hat durch die Anwendung der Technik eine Revolution der Produktionsverhältnisse ausgelöst und eine Arbeitsproduktivität hervorgebracht, die der breiten Bevölkerung einen bis dahin unvorstellbaren wirtschaftlichen Wohlstand bescherte.

Moderne Gesellschaften, so hat Niklas Luhmann deren Selbstdeutung beschrieben, sind funktional ausdifferenziert. Im Gefolge der Reformation und der europäischen Religionskriege haben sich Politik und Staat gegen die religiöse und moralische Vorherrschaft abgegrenzt und sich als eigenständiges Teilsystem etabliert, dem andere, Bildung und Wissenschaft, Recht, Wirtschaft und Kunst folgten. Die Teilsysteme operieren ausschließlich gemäß der eigenen Funktionalität, die einen Eingriff von außen abwehrt, und beobachten die Welt einzig gemäß der eigenen Leitdifferenz, die sich in binären Codes verkörpert. In funktional ausdifferenzierten Gesellschaften zerfällt deren Einheit. Die Mitglieder eines Teilsystems können die eigene Leitdifferenz nicht auf andere Systeme anwenden, sie können diese nur beobachten. Innerhalb solcher von Luhmann vorgenommenen Grenzziehungen ist für einen einheitlichen moralischen Code kein Platz. Moral ist kein eigenständiges Funktionssystem, der Moralcode passt auf keines der Funktionssysteme. Die Beobachtung, dass eine Regierung, eine Unternehmerin, eine Partnerin oder ein Lehrer als strukturell gut oder böse einzustufen sei, würde in dem jeweiligen Funktionssystem wie unverständliches Rauschen klingen. Der moralische Code hat einen polemischen Unterton, verschärft Konflikte und verleitet zur Gewalt. Für den Ausnahmefall mag er die Gesellschaft in einen Alarmzustand versetzen. Aber im Normalfall werden gesellschaftliche Konflikte funktional und „amoralisch“ geregelt, indem moralische Vorstellungen draußen bleiben.

Gesellschaftliche Risiken

Risiken sind negative Ereignisse, die in der Zukunft eintreten können, aber nicht eintreten müssen. Solche Risiken beeinträchtigen die Lebensaussichten von Personen und Personengruppen. Diese reagieren darauf mit Risikovorsorge, dem planvollen Umgang mit Risiken. Im günstigen Fall lässt sich ihr Eintreten vermeiden, im weniger günstigen Fall der Schaden begrenzen, den sie verursachen. Zwei Arten von Lebensrisiken sollten methodisch voneinander abgegrenzt werden: solche, die durch persönliches Verhalten verursacht werden, und solche, die auf gesellschaftliche Verhältnisse zurückzuführen sind. Die Bezeichnung „Risikogesellschaft“ deutet darauf hin, dass moderne Gesellschaften Risiken verursachen, die nicht dem Handeln der Individuen, sondern gesellschaftlichen Verhältnissen zuzuschreiben sind. Im Folgenden werden vier solcher gesellschaftlichen Risiken benannt.

1. Das Funktionsrisiko: Moderne Gesellschaften können sich nicht auf ein inhaltlich vorgegebenes, einheitliches Wertgerüst beziehen, dem verbindliche Normen entnommen werden. Es gibt keinen außenstehenden Beobachter und neutralen Schiedsrichter, dem das Urteil über das, was gut und gerecht ist, überlassen wird. Es können auch nicht die Angehörigen einer Teilgruppe der Gesellschaft die eigenen Vorstellungen des guten Lebens, die ihrer Gruppenidentität entsprechen, den Angehörigen anderer Gruppen verpflichtend vorschreiben. Vielmehr sind die Mitglieder moderner Gesellschaften gehalten, sich über eine gemeinsame Deutung der Situation, in der sie leben, ebenso zu verständigen wie über die gemeinsamen normativen

Überzeugungen dessen, was sie einander schulden, wenn sie sich als Gleiche achten. Dies geht in der Regel nicht ohne ernsthafte Auseinandersetzungen, bevor diese in einen Kompromiss einmünden. Eine normative Verständigung über das einander Geschuldete ist umso mühsamer, als die Verständigung zwischen funktional ausdifferenzierten Teilsystemen stattfindet, die nach ihrer eigenen Rationalität handeln. Sobald beispielsweise entdeckt wird, dass die Regeln der ökonomischen Vernunft denen der ökologischen Vernunft widersprechen, sollte das Bemühen um eine integrierte und langfristige Kalkulation einsetzen, die diesen Widerspruch auflöst. Ein vergleichbares Vermittlungsproblem besteht zwischen der betriebswirtschaftlichen Rechnung und einer gesamtwirtschaftlichen Kosten-Nutzen-Abschätzung. Wer annimmt, das allgemeine gesellschaftliche Interesse könne allein dem Kräftespiel der funktional ausdifferenzierten Teilsysteme überlassen bleiben, übersieht, dass Machtasymmetrien das Verhandlungsergebnis vorweg entscheiden oder dass sich die unmittelbar Beteiligten auf Kosten Dritter verständigen können. Deshalb ist die Moderation einer fairen Verständigung in der politisch-staatlichen Sphäre zu verankern. Den Akteuren dieser Sphäre fällt die Aufgabe zu, die bürgerlichen Freiheitsrechte wie das private Eigentumsrecht und die Einhaltung von Verträgen zu garantieren. Sie sind Teil und Vertreter des Volkes, Koordinatoren des öffentlichen Interesses, das sie gegenüber den privaten Interessen formulieren und behaupten sollen. Um die gesellschaftlichen Funktionsrisiken einzugrenzen, ist also ein leistungsfähiger Staat erforderlich.

2. Das Risiko abhängiger Arbeit: Die meist als technisch-ökonomische Umwälzung gedeutete industrielle Revolution hatte eine gesellschaftliche Dimension, nämlich die Befreiung der Bauern aus Leibeigenschaft und wirtschaftlicher Abhängigkeit. In ihrem positiven Kern bot sie die Chance, frei von äußerem und innerem Zwang den Wohnort zu wählen und einen Arbeitsvertrag zu schließen, dessen Gegenstand nicht der arbei-

tende Mensch selbst, sondern eine offen umschriebene Arbeitsleistung war. Die andere Seite der Münze war dagegen, dass ein großer Teil der Bevölkerung, der von den landwirtschaftlichen Produktionsmitteln getrennt wurde, seiner Ernährungsgrundlage beraubt war. Die Mehrheit der Bevölkerung war genötigt, durch den Verkauf der Arbeitskraft ein Einkommen zu erwerben, das den Lebensunterhalt sicherte. Nur eine Minderheit konnte sich durch privates Eigentum an Produktionsmitteln und durch die Inanspruchnahme der Arbeitskraft anderer den eigenen Lebensunterhalt sichern. Die industriekapitalistische Wirtschaft ließ sich als ökonomisches Funktionsgerüst mit marktwirtschaftlichem Wettbewerb, hohem Technikeinsatz, einer elastischen Geldversorgung und privat-autonomen Verfügungsrechten beschreiben. Aber bedeutender waren die gesellschaftlichen Machtverhältnisse. Aus dem privaten Eigentum an Produktionsmitteln leitete sich die Weisungsbefugnis gegenüber den „Arbeitnehmerinnen“ und „Arbeitnehmern“ ab, die dem „Arbeitgeber“ ihre Arbeitskraft zur Verfügung stellten. Das Machtgefälle im Betrieb und Unternehmen übertrug sich auf den Arbeitsmarkt. Die Unternehmen erreichten als Anbieter von Gütern einen höheren Organisationsgrad, als ihn die einzelnen Konsumenten auf der Nachfrageseite zu Stande brachten. So ergab sich eine „Übermacht im Tausch“. Die Geschichte der kapitalistischen Marktwirtschaften ist eine Geschichte der Kartelle und Fusionen, die den Wettbewerb eher beschränken als intensivieren. An der Nahtstelle von monetärem und realwirtschaftlichem Kreislauf war das Bankensystem mit einer Kredit- und Geldschöpfungsmacht ausgestattet, das den Unternehmen, die nachweisen konnten, dass ihre Profiterwartungen begründet sind, die Finanzierung der geplanten Investitionen ermöglichte, damit sie Produktionsmittel kauften und Arbeitskräfte entlohnten.

Kapitalistische Marktwirtschaften sind nicht in sich stabil. Während der real existierende Sozialismus Vollbeschäftigung bei leeren Regalen suggerieren konnte, sind kapitalistische Marktwirtschaften zwar in der Lage, die Regale zu füllen, aber bei Unterbeschäftigung. Wegen dieser Instabilität subjektiver Erwartungen und Stimmungslagen der Unternehmer sind die abhängig Beschäftigten mit den Risiken der Arbeitslosigkeit, berufsbedingter Krankheiten und Altersarmut oder gar Arbeitsarmut konfrontiert. Diese Risiken sind nicht durch individuelles Versagen verursacht. Es sind nicht private, sondern gesellschaftliche Risiken.

3. Das Geschlechterrisiko: Trotz der verfassungsfesten rechtlichen Gleichstellung bleiben Frauen gesellschaftlich und wirtschaftlich diskriminiert.Von allen erwerbstätigen Frauen gehören weniger als 10 Prozent zu denen, die in leitender bzw. verantwortlicher wirtschaftlicher Stellung sind. Die Hälfte etwa ist mit einfachen bzw. mechanischen Tätigkeiten beschäftigt. Folglich ist die Alterssicherung erwerbstätiger Frauen wegen des niedrigen Lohneinkommens und wegen der niedrigen Erwerbsdauer riskant. Erst recht ungenügend ist die Alterssicherung von nicht erwerbstätigen Frauen, weil diese vom originären Anspruch des Ehemannes abgeleitet wird. Die Berufsbildungsstatistik weist typische Frauenberufe aus, in denen ca. 50 Prozent der weiblichen Auszubildenden unterkommen. Neutrale und zukunftssichere Berufe bzw. typische Männerberufe sind jungen Frauen, obwohl probeweise Experimente durchgeführt wurden, schwerer zugänglich. Neuerdings wird eine abnehmende Beteiligung junger Frauen an höherwertigen Bildungsgängen festgestellt. Die Benachteiligungen auf Grund des Geschlechts sind nicht den einzelnen Frauen anzulasten. Die Lebensrisiken, mit denen die Frauen einzig auf Grund der Geschlechtszugehörigkeit konfrontiert sind, sind gesellschaftliche Risiken.

4. Das Umweltrisiko: Die westliche Zivilisation erzeugt ein doppeltes Umweltrisiko. Die wirtschaftlichen Akteure in einer Marktwirtschaft folgen kurzfristigen Preissignalen und orientie-

ren sich an mikroökonomischen Entscheidungsregeln. Makroökonomisch wird die natürliche Umwelt nicht als Eigenwert respektiert, sondern dem gesellschaftlichen Nutzen unterworfen. Produzenten und Konsumenten gelingt es, den überwiegenden Teil der Kosten des Umweltverbrauchs auf unbeteiligte Dritte, die Allgemeinheit oder die nachwachsenden Generationen abzuwälzen. Diejenigen, die durch ihre Entscheidungen Umweltrisiken verursachen, sind meistens nicht von den konkreten Folgen betroffen. So fallen in Konzernen Investitionsentscheidungen, die erhebliche Umweltschäden zur Folge haben, unter denen bestimmte Bevölkerungsgruppen leiden. Solange es nicht gelingt, die betreffenden Unternehmen eindeutig als Verursacher zu identifizieren, sind sie von der Haftungspflicht entbunden. Dann fällt am Ende den politischen Entscheidungsträgern die Aufgabe zu, die schlimmsten Folgewirkungen für die betroffenen Menschen abzuwenden. Wenn der Schaden, der durch die Umweltnutzung entsteht, individuell zurechenbar und begrenzbar ist, entsteht ein privates Risiko. Sobald die Umweltnutzung jedoch allgemeine Schäden verursacht, die sich raum- und zeitübergreifend bemerkbar machen, entstehen gesellschaftliche Risiken.

Sozialer Frieden

Gesellschaftliche Lebensrisiken sind von privaten Lebensrisiken unterscheidbar. Ihre Ursachen liegen in gesellschaftlichen Verhältnissen und in der öffentlich-politischen Ordnung. Selbst wenn sie von Individuen verursacht sind, können sie nicht direkt ihrem beabsichtigten Handeln bzw. persönlichen Versagen angelastet werden. Ebenso wenig ist es zulässig, gesellschaftliche Risiken der privaten Vorsorge zu überlassen. Sie zu vermeiden und den entstandenen Schaden zu begrenzen, ist öffentlich und solidarisch zu regeln. Gegen die gesellschaftlichen Risiken abhängiger Arbeit sind in einem mehr als hundertjährigen Konflikt, den die Arbeiterbewegung auf sich genommen hat, die Zweige Sozialstaats aufgebaut worden. Die öffentliche Sozialstaatskritik der letzten Jahrzehnte hat sich vorrangig auf die solidarischen, umlagefinanzierten Sicherungssysteme konzentriert. Ins Gerede gekommen sind jedoch auch die übrigen Zweige des Sozialstaats, nämlich die Arbeitsschutzgesetze, die Tarifautonomie einschließlich der Koalitionsfreiheit, des Streikrechts der Gewerkschaften und der Betriebsverfassung. Auch die Bereitstellung öffentlicher Güter sowie der bedarfsgerechte Anspruch auf Hilfe zum Lebensunterhalt sind in Frage gestellt worden. Schließlich ist auch eine aktive, beschäftigungsfreundliche Wachstumspolitik betroffen.

Der Sozialstaat wird in der öffentlichen Kritik vorwiegend als Kostenfaktor und Wachstumsbremse entwertet. Mit gleichem Recht kann er jedoch auch als Produktivitätsbeitrag und Wachstumsmotor gedeutet werden. Denn der soziale Frieden in den Betrieben und Unternehmen ist ein positiver Standortfaktor und eine Grundlage stabiler Profiterwartungen. Darüber hinaus entspringt er der Absicht, der kapitalistischen Marktwirtschaft eine demokratische Berechtigung zu verleihen, indem Beteiligungsrechte nicht nur proklamiert, sondern beim Aushandeln von Tarifverträgen und bei der Gestaltung des Arbeitsplatzes im Rahmen der Betriebsverfassung auch eingelöst werden.

Tarifverträge sind zunächst ein Instrument, das dem einzelnen Arbeitnehmer beim Aushandeln der Arbeitsbedingungen den Rücken stärkt und ihn schützt. Er setzt so der strukturellen Machtasymmetrie ein Gegengewicht entgegen. Tarifverträge sind eine Form der friedlichen Konfliktregelung, das Ergebnis eines strategischen Spiels zweier Verhandlungspartner, die das Angebot und die Nachfrage nach Arbeit, die mehr ist als eine Ware, bündeln. Sie bejahen eine marktnahe Entlohnung gemäß dem Grundsatz der Leistungsgerechtigkeit und halten gleichzeitig den Abstand zwischen den oberen und unteren Tarifzonen in Grenzen. Solange die Verhandlungschancen gleich sind, ist auch das Verhandlungsergebnis als gerecht zu betrachten. Tarifverträge sind darüber hinaus Bestandteil einer Friedensordnung, die den Einigungswillen der Sozialpartner verkörpert, und fester Bestandteil einer Sozialordnung. Sie sind zivilgesellschaftliche, öffentliche Kooperationsregeln, die sowohl staatliche Regelungsansprüche als auch das Recht des Stärkeren, die destruktive Willkür und den Kampf aller gegen alle ersetzen. Tarifverträge enthalten auch eine politische Dimension. Indem sie Lohnniveau und Lohnstruktur, Arbeitszeit und Arbeitsbedingungen festlegen, entscheiden sie mit über eine faire Verteilung von Einkommen und Erwerbsarbeit, umweltverträgliche Produktionsstrukturen, die Gleichstellung der Frauen oder die Erhaltung gemeinsamer Zeitstrukturen. Es geht also immer auch um grundlegende Fragen der Gerechtigkeit und der moralischen Kultur einer Gesellschaft.

Ist es vorteilhaft, die Funktion der Tarifautonomie auf Betriebsvereinbarungen zu übertragen? Damit könnten die Starrheit der Tarifverträge, wie die Arbeitgeber argumentieren, und die gegen die Arbeitslosen gerichtete ausschließende Wirkung des Tarifkartells, beseitigt werden. Gleichzeitig wäre ein Schlüssel für flexible Regelungen gefunden, so dass in jenen Betrieben transnationaler Konzerne, die von der Niedrigkonkurrenz bedroht sind, Arbeitsplätze erhalten bleiben. Immerhin werden in Deutschland regelmäßig ca. 60 000 Tarifverträge abgeschlossen, so dass die Vorstellung einer starren Tarifstruktur wirklichkeitsfremd ist. Wenn unter dem Vorwand der betrieblichen Flexibilisierung am Ende nur eine Arbeitszeitverlängerung ohne Lohnausgleich und damit ein versteckte Lohnkürzung zu Stande kommt, die tarifpolitisch nicht erreichbar ist, wäre die Schwachstelle von Betriebsvereinbarungen offen gelegt. Die Betriebsräte eines Unternehmens haben gegenüber der Unternehmensleitung keine gleichgewichtige Verhandlungsposition. Offenbar hat die duale Struktur, die Art und Weise, wie in

Deutschland die Arbeitsverhältnisse kollektiv geregelt werden, eine friedensstiftende Logik. Die Betriebsräte sind zur vertrauensvollen Zusammenarbeit mit der Betriebsleitung, die über das Direktionsrecht verfügt, verpflichtet. Damit bleibt die betriebliche Sphäre normalerweise von Arbeitskämpfen frei, die nicht von Belegschaften geführt und von Betriebsräten organisiert werden. Tarifebene und betriebliche Ebene bleiben unterschieden. Auch weitsichtige Unternehmer und Manager sind daran interessiert, dass diese Dualität und damit die Tarifautonomie aufrechterhalten bleibt. Welche wirtschaftlichen Verluste und sozialen Schäden unvermeidlich sind, wenn die Arbeitskämpfe in die Betriebe hinein getragen werden, war im Sommer 2004 während der Arbeitsniederlegungen in den Werken Sindelfingen und Bremen von DaimlerChrysler zu beobachten.

Zwar reicht die derzeitige öffentliche Debatte über den Umbau des Sozialstaats wiederholt und manchmal sehr massiv in die Sphären des Arbeitsrechts, der Tarifautonomie und der Betriebsverfassung hinein. Die Agenda 2010 reagiert darauf nur marginal. Sie ist auf den äußersten unteren Rand der Arbeitsverhältnisse und den Umbau der solidarischen Sicherungssysteme gerichtet. Sie hat tendenziell den ersten Schritt dazu eingeleitet, die solidarische Lebensstandardsicherung, die für das deutsche System seit Bismarcks Reform charakteristisch ist, auf das Niveau einer Mindestsicherung abzusenken und durch eine private Risikovorsorge zu ergänzen, die wohl ausgeweitet werden soll. Für den weiteren Umbau der solidarischen Sicherungssysteme sind in der öffentlichen Diskussion zwei Tendenzen erkennbar: Erstens wird die vorherrschende Orientierung an einer solidarischen Arbeiterversicherung zu einer allgemeinen Versicherung erweitert. Zweitens wird die solidarische Steuerung mit einem Seitenblick auf die Sicherungssysteme, die in den europäischen Ländern jeweils anders konstruiert sind, durch Elemente marktwirtschaftlichen Wettbewerbs neutralisiert. Zwei Weichenstellungen dieses Umbaus, eine erweiterte Solidarität und ein solidarischer Wettbewerb werden im Folgenden thematisiert.

Erweiterte Solidarität

Der Begriff der „Solidarität" ist ziemlich verschlissen und gleichzeitig hoch im Kurs. Er fehlt in keiner Grundwerteliste, in keinem christlichen, sozialistischen oder liberalen Parteiprogramm und in keiner kirchlichen Stellungnahme zur sozialen Lage. Trotzdem beklagen Kulturkritiker von rechts und links das Wegschmelzen der Solidarität. In einer Generation, die von den Entbehrungen des Krieges und der Nachkriegszeit nichts mehr weiß, habe sich soziale Kälte breit gemacht, die Konkurrenz werde zum dominanten Leitbild, der Ellenbogen zum leitenden Symbol.

Tugend der Solidarität

Alltägliche Erfahrungen belegen ebenso wie statistische Umfragen, dass Menschen sich bereitwillig für diejenigen engagieren, die ihnen vertraut sind und Not leiden. Beispielsweise haben Jugendliche eine sehr vertraute Beziehung zu ihren Großeltern, kümmern sich um behinderte Mitschüler und engagieren sich für den Umweltschutz oder den Frieden. Lehrer und Lehrerinnen in einem der neuen Bundesländer haben auf Gehaltserhöhungen verzichtet, um jungen Kolleginnen und Kollegen eine berufliche Chance zu geben. Belegschaften haben Lohnkürzungen zugestimmt, damit die Arbeitsplätze ihrer Kollegen gesichert bleiben. Und die große Flut im Sommer 2002 hat eine unerwartete Welle der Solidarität in der deutschen Bevölkerung ausgelöst. Die Tugend der Solidarität, das mitfühlende Interesse, wird von vielen unmittelbar beherzigt. Dass nicht alle einflussreichen Personen sich für die Schwächeren mitverantwortlich fühlen und bereit sind, Einkommen und Vermögen mit ihnen zu teilen, wie Sankt Martin seinen Mantel, ist noch kein Beweis für das Verdampfen der Solidarität.

Pathos der Solidarität

Geschwunden ist jedoch eine geschichtlich gewachsene Steuerungsform, die als Reaktion auf einen strukturellen Leidensdruck hin organisiert und in verbindliche Rechte und Pflichten gefasst worden ist. Sie diente dem strukturellen Ausgleich gesellschaftlicher Risiken, von denen Mitglieder der Gesellschaft ungleich betroffen waren. Ein solche strukturelle Solidarität ist während der sozial-revolutionären Bewegungen der vergangenen Jahrhunderte entwickelt worden. In der Französischen Revolution wurde das Recht auf Unterhalt für alle hilfsbedürftigen Bürger proklamiert und das herkömmliche System der Mildtätigkeit und Armenpflege aufgekündigt. In der Revolution von 1848 proklamierte man die Solidarität der Arbeiter verschiedener Berufsgruppen und ihrer Verbrüderung über Ländergrenzen hinweg. Wie populär der Solidaritätsbegriff in der deutschen Arbeiter- und Gewerkschaftsbewegung an der Wende zum 20. Jahrhundert geworden ist, lässt sich an den Namen vieler Schrebergartenanlagen und Fahrradclubs ablesen. Der emotionale Protest der Arbeiterbewegung markiert die scharfe Trennungslinie zwischen einer tugendethischen und strukturethischen Solidarität: Armut und Verelendung werden nicht mehr als Schicksalsschläge hingenommen, sondern als Rechtsverletzungen begriffen. Zunächst griffen die Arbeiter zur Selbsthilfe. Mit der Zeit wurden die freiwillig und privat organisierten Unterstützungskassen in öffentlich-rechtliche Vertragsformen, Grundrechtsansprüche und Verfassungsnormen überführt.

Steuerungsform der Solidarität

Solidarität ist eine Kooperationsregel, eine Steuerungsform, die in modernen, ausdifferenzierten Gesellschaften die Funktion erfüllt, Erwartungen und Handlungen von kooperierenden Gesellschaftsmitgliedern aufeinander abzustimmen. Sie regelt den rechtsverbindlichen Ausgleich ungleicher gesellschaftlicher Lebensrisiken. Die charakteristischen Merkmale der Solidarität als Steuerungsform lassen sich sehr gut verdeutlichen, wenn sie mit der Steuerungsform des marktwirtschaftlichen Wettbewerbs kontrastiert wird. Der Markt ist eine anonyme Form des Interessenausgleichs. Auf ihm herrscht die Regel der strengen Gegenseitigkeit von Leistung und Gegenleistung – und zwar zum gleichen Zeitpunkt oder in einem überschaubaren Zeitraum. Die Solidarität dagegen verbindet Menschen, die sich als grundlegend gleich betrachten – auf Grund einer Klassenlage, eines Geschlechts, einer Abstammung oder der Zugehörigkeit zu einer Sprache, Kultur, Nation bzw. Religion. Diese Gleichheit ist eine gesellschaftliche Konstruktion und sie ist exklusiv; oft profiliert sie sich in der Abgrenzung zu einem Andeen. Nun bleiben trotz der Gleichheit unter denen, die sich solidarisch verbunden sehen, sehr unterschiedliche Lebensrisiken bestehen. Aber indem sie die Steuerungsform der Solidarität als für sich verbindlich ansehen, anerkennen sie auch für sich die Regel der Gegenseitigkeit von Leistung und Gegenleistung. Allerdings ist die Gegenseitigkeit zum einen durch einen Erwartungswert verknüpft, der weit in die Zukunft hineinreicht. Zum andern ist der „Schatten der Zukunft“, der über dem einzelnen liegt, durch eine stark subjektive Einschätzung des gesellschaftlichen Risikos bestimmt. So kommt es zu einer unverwechselbaren Form von Gegenseitigkeit: Der Solidaritätsbeitrag bemisst sich nach der individuellen Leistungsfähigkeit, der Solidaritätsanspruch nach dem individuellen Bedarf im Notfall. In dieser asymmetrischen Gegenseitigkeit besteht das

„Geheimnis“ der Solidarität. Einer solchen Regel kann der Markt nicht folgen.

Erosion der Solidarität

Warum schmelzen die in der Industriegesellschaft bewährten Solidaritätsstrukturen der Alters-, Kranken- und Arbeitslosenversicherung weg? Sie sind nicht von selbst geschmolzen. Zum einen wurde sie gesellschaftlich demontiert – die Agenda 2010 und die öffentlichen Medien haben dabei mitgeholfen. Aber diese Erklärung ist zu einseitig. Die andere, die schwerer wiegt, lautet: Die drei gesellschaftlichen Säulen, auf denen die Solidaritätsstrukturen aufruhten, sind brüchig geworden – eine ununterbrochene Erwerbsbiographie bei hohem Beschäftigungsgrad, die lebenslange Partnerbindung der Frau an einen erwerbstätigen Mann sowie die Normalität eines Haushalts mit mehreren Kindern. Dadurch ist ein doppelter Problemdruck entstanden: An erster Stelle eine Leistungskrise. Denn neuen Lebensrisiken, die infolge einer Vielfalt von Lebensweisen in Partner- und Familienbeziehungen auftreten, sind die herkömmlichen Sicherungssysteme nicht gewachsen. Gesellschaftlicher Ausschluss, Armutslagen und prekärer Wohlstand breiten sich unabhängig von Erwerbsverhältnissen aus. An zweiter Stelle eine Finanzierungskrise. Die Einnahmen der herkömmlichen, an die abhängige Erwerbsarbeit gekoppelten Sicherungssysteme schrumpfen infolge der verfestigten Massenarbeitslosigkeit und der unverhältnismäßig beitragsfinanzierten deutschen Einigung. Ein weiterer Grund liegt darin, dass infolge der überdurchschnittlich hohen Kapitalintensität der deutschen Wirtschaft und der ungleichmäßige Besteuerung der Einkommen der Anteil der Kapitaleinkommen am gesamten Volkseinkommen seit 30 Jahren tendenziell gestiegen und der Anteil der Arbeitseinkommen tendenziell gesunken ist. Und schließlich ist die Vielfalt getrennter sozialer Sicherungssysteme jeweils für Landwirte, Bergleute, Beamte, Soldaten, Richter, Abgeordnete und Arbeitnehmer anachronistisch.

Konstitutionelle Solidarität

Die Reichweite der Solidaritätsgrundlagen muss erweitert werden. Aber welche Grundlage bietet sich an? Ist die Steuerungsform des Marktes eine angemessene Grundlage, um sich gegen gesellschaftliche Risiken abzuschirmen? Das Marktregime koppelt die Chance der Absicherung an die verfügbare Kaufkraft oder das Leistungsvermögen. Deren Verteilung ist ziemlich willkürlich. Sie schließt diejenigen aus, die sich wegen fehlender Kaufkraft oder mangelnden Leistungsvermögens auf dem Markt nicht behaupten können. Andere Grundlagen wie gleiche Abstammung, Geschichte, Sprache, Kultur oder Konfession scheiden für eine erweiterte Solidarität aus. Sie respektieren nicht die ethnische, sprachliche und kulturelle Vielfalt moderner Gesellschaften. So bietet sich als tragfähige Grundlage einer rechtlich verbindlichen Solidarität die demokratische Verfassung an. Eine solche „konstitutionelle" Solidarität gründet auf gemeinsamen Überzeugungen, Rechtsverhältnissen, Verfahrensregeln und persönlichen Einstellungen, die von allen Mitgliedern einer demokratischen Gesellschaft anerkannt und geteilt werden. Die konstitutionelle Solidarität, die an die Stelle der erwerbswirtschaftlichen tritt, umschließt alle, die ihren Lebensmittelpunkt im Geltungsbereich der Verfassung haben; sie wird durch Beiträge finanziert, die von allen Einkommen ohne die Schranke einer Bemessungsgrenze erhoben werden, die innerhalb des Geltungsbereichs der Verfassung erwirtschaftet worden sind. Die solidarischen Ansprüche im Risikofall müssten nicht streng beitragsorientiert sein, sondern könnten von unten her gesockelt und nach oben hin gedeckelt werden. Diejenigen, die höhere Ansprüche anmelden, könnten sich zusätzlich privat versichern. So käme eine Kombination von allgemein solidarischer und restlich privater Sicherung zustande. Als Bemessungsgrundlage der solidarischen Beiträge würde die volkswirtschaftliche Nettowertschöpfung dienen.

Solidarischer Wettbewerb

Die Einschnitte in das solidarische System der Alterssicherung haben das Verhältnis von Solidaritäts- und der Marktsteuerung zugunsten der letzteren verändert. Die Veränderungen trafen erstens den Akteur, nämlich neben der Solidargemeinschaft ein Wirtschaftssubjekt mit individuellem Nutzenkalkül. Sie trafen zweitens die Entscheidungsregeln von Individuen und Einrichtungen, die sich dem Marktwettbewerb aussetzen. Sie trafen drittens die betriebswirtschaftliche Steuerung, die veranlasst, dass Aufwendungen und Erträge einander strikt zugeordnet werden. Die Resultate der so genannten Riessterrente waren ernüchternd. Die Mehrheit derer, die nach vernünftiger Nutzenabwägung eine private, staatlich geförderte Altersvorsorge hätte leisten sollen, hat dies nicht getan, weil die Sparmöglichkeit fehlte. Die ursprüngliche Weigerung der privaten Versicherungen, Unisex-Tarife anzubieten, ist konsequent, sobald die gesellschaftlichen Risiken, denen Frauen ausgesetzt sind, individualisiert und kommerzialisiert werden. Wahrscheinlich muss die entstandene Lücke einer angemessenen Alterssicherung am Ende von den Steuerzahlern geschlossen werden. Eine solidarische Alterssicherung ohne Wettbewerbsspiele hätte der Gesellschaft wahrscheinlich einen zusätzlichen Aufwand erspart. Soll das missratene Rentenexperiment nun beim Umbau des Gesundheitssystems wiederholt werden?

Mündiger Patient auf dem Gesundheitsmarkt

Die Vertreter des solidarischen Wettbewerbs gehen von einem mündigen Patienten aus, der selbst wisse, wie viel er von seinem verfügbaren Einkommen für Gesundheitsgüter, Industriewaren oder Nahrungsmittel ausgeben wolle. Gesund zu werden und gesund zu bleiben, sei ein Bedürfnis, das sich in eine Skala individueller Bedürfnisse entsprechend dem Alter und den Vorlieben der Individuen eintragen lasse. Das Risiko gesundheitsriskanten Verhaltens abzuschätzen, sei nicht komplizierter als ein Vergleich des Unfall- oder Brandrisikos mit den Kosten, die der Abschluss einer Auto- oder Feuerversicherung mit sich bringt. Die Patienten stärker an den Kosten der Therapie und der Arzneimittel zu beteiligen, festige deren wirtschaftliches Denken.

Zweifellos hat sich die medizinische Aufklärung durch Schule und durch Medien erfolgreich ausgebreitet. Trotzdem haben die Menschen mehrheitlich eine irrationale Einstellung zu ihrer Gesundheit. Solange sie gesund sind, unterschätzen sie das Krankheitsrisiko; sobald sie krank sind, überschätzen sie ihren Gesundheitszustand. Wie wenig der Patient ein souveräner Kunde von Gesundheitsleistungen ist, kommt in folgender Anekdote zum Ausdruck: Ein Arzt wird nach der erfolgreichen Behandlung eines lebensbedrohenden Insektenstichs von dem Patienten gefragt, was er ihm schulde. Er antwortet: „Mir genügen 10 Prozent des Honorars, das Sie mir hätten geben wollen, als Sie noch in Lebensgefahr schwebten."

Gesundheit – keine Ware wie jede andere

Die unbefangene Rede vom Gesundheitsmarkt verleitet zu der Auffassung, dass in einer Marktwirtschaft für die Gesundheitsgüter dieselben Gesetze wie für Blumentöpfe und Apfelsinen gelten. Sie werden nur gekauft, wenn ihr Wert für den Patienten höher ist als ihr Preis, ohne das dies den kranken Menschen entwürdigt. Wäre dies der Fall, müsste es als entwürdigend empfunden werden, dass ein Mensch, wenn er aus dem Fenster springt, mit der gleichen Beschleunigung wie ein Blumentopf fällt. Da die Feuerwehr nicht für einen Blumentopf, wohl aber für einen Menschen das Sprungtuch ausspannt, ist die Unterscheidung zwischen Nahrungsmitteln, Industriewaren, Finanzgeschäften und Gesundheitsgütern berechtigt. Gesundheit ist etwas unmittelbar Persönliches. Sie vermittelt die Fähigkeit, ein selbstbestimmtes Leben führen zu können. Sie ist den so genannten Vertrauensgütern zuzuordnen. Da die Patienten die Qualität einer Therapie, die sich über einen längeren Zeitraum erstreckt, nicht ganz und sofort durchschauen können, sind sie darauf angewiesen, denen zu vertrauen, die diese Dienste anbieten. In demokratischen Gesellschaften gilt der gleiche Zugang zu einer angemessenen medizinischen Versorgung als ein Grundrecht, auf das alle unabhängig von ihrer Kaufkraft und ihrem Leistungsvermögen einen Anspruch haben.

Die Gesundheit ist ein öffentliches Gut. Es gibt eine schichtenspezifische Verteilung von Krankheiten sowie schichtenspezifische Krankheitsbilder. Der allgemeine Lebens- und Arbeitsstil, kollektive Konsum- und Freizeitgewohnheiten, regionale und nationale Eigenarten bestimmen die jeweiligen Berufs- und Volkskrankheiten. Schwerwiegende, weit verbreitete Krankheitsbilder sind ein Indikator gesellschaftlicher Risiken, die sich nicht allein auf individuelles Fehlverhalten zurückführen lassen. Sie verlangen eine gesellschaftliche Definition regionaler oder sektorspezifischer Gesundheitsziele sowie des medizinisch Notwendigen, worauf alle einen grundrechtlichen Anspruch haben. Diese Definition darf nicht dem Rationierungswillen einzelner Einrichtungen oder Chefärzte überlassen bleiben. Der Kampf gegen die Volkskrankheiten, die sich in Deutschland weiter ausbreiten, wird vermutlich nicht durch mehr Markt und Wettbewerb entschieden.

Die Formel: „Mehr Markt im Gesundheitswesen" haben Gesundheitsökonomen und in deren Folge auch Gesundheitspolitiker zum Leitmotiv eines Umbaus der solidarischen Sicherungssysteme erklärt. Sie wollen damit die Unter-, Über- und Fehlversorgung der Patienten beenden, die sie mit dem Übergewicht kurativer Medizin, der im internationalen Vergleich überdurchschnittlichen Dauer von Krankenhausaufenthalten, dem Übermaß an Diagnostik, der mangelhaften Abstimmung zwischen ambulanter und stationärer Versorgung und der Abwertung der Psychotherapie belegen. Die Krankenhäuser sollen sich spezialisieren und ein unverwechselbares Profil zulegen, private Sponsoren gewinnen und zusätzliche Märkte erschließen, auf denen sich Kunden mit hoher Kaufkraft bewegen. Ein stärkerer Wettbewerb zwischen den Ärzten soll die Entscheidungsprozesse durchsichtiger machen und die Widersprüche der Behandlung beseitigen. Auch die Krankenkassen sollen den Druck des Wettbewerbs zu spüren bekommen und so den Vorwurf entkräften, sie seien bürokratisch verkrustet, hätten die Patienten und Versicherten entmündigt und schöpften die vorhandenen Effizienzreserven nicht aus.

Die Anpassung der Gesundheitsleistungen an Kundenwünsche kann jedoch dazu führen, dass die therapeutische Kompetenz entwertet wird und Folgekosten auf unbeteiligte Dritte abgewälzt werden. Der Leistungswettbewerb droht in einen Verteilungskampf um mehr oder weniger profitable Risiken zu entarten. Dann wäre das Grundrecht auf ein gesundes Leben im Kern angetastet. Mit den Wettbewerbsappellen an die Krankenkassen wurde offenbar übersehen, dass diese weder in homogene Warenanbieter noch die Patienten in austauschbare Kunden mit gleichen Risikomerkmalen sortiert werden konnten. Mit Hilfe des Risikostrukturausgleichs wurde versucht, die unterschiedliche Risikoverteilung des Alters und Geschlechts, der familiären Haushaltsform und der Einkommenslage auszugleichen. Inzwischen mussten die Komponenten des Risikostrukturausgleichs um spezifische Krankheitsstrukturen nachgebessert werden. Die erste Erweiterung wird nicht die letzte bleiben, der Ausgleich muss fortwährend justiert werden. Offensichtlich taugen die Selbstheilungskräfte des Marktes nur begrenzt für das Gut Gesundheit.

Betriebliche Steuerung im Gesundheitssystem

Die Einführung betriebswirtschaftlicher Steuerungsformen nötigt die Akteure und Einrichtungen dazu, Therapieschritte auf präzis definierte Behandlungsziele auszurichten und die entstehenden Kostenelemente den Leistungseinheiten direkt zuzuordnen. Eine Standardisierung von Diagnose und Therapie nach dem aktuellen Stand der medizinischen Forschung soll die Entscheidungsprozesse des verantwortlichen Personals beschleunigen, ohne dass die Besonderheiten des Einzelfalls übersehen werden. An die Stelle bürokratischer Administration soll ein unternehmerischer Führungsstil treten, Verwaltungsbeamte sollen ihre Sessel für dynamische Konzernmanager räumen.

Wirtschaftliches Handeln ist ein Kennzeichen vernünftigen Handelns. Insofern ist es wünschenswert, typische Behandlungsschritte von typischen Behandlungszielen her zu strukturieren und individuelle Therapien an diagnosebezogene Behandlungsprogramme anzupassen. Denn nur selten ist der zu behandelnde Fall derart einmalig, dass kein standardisiertes Wissen abgerufen werden kann. Aber die betriebswirtschaftliche Rationalität sollte die fachliche, personale und kommunikative Kompetenz von Ärztinnen, Pflegerinnen und Therapeutinnen nicht überformen. Der Erfolg einer betriebswirtschaftlichen Kontrolle wird oft daran gemessen, dass die Kosten der Leistungserstellung gesenkt und möglichst viele Folgekosten auf den Patienten oder die Mitarbeiter abgewälzt werden. Ein besserer Erfolgsmaßstab der

Leistungserstellung ist indessen die Qualitätssicherung. Aber im ungünstigen Fall orientiert man sich an Kennziffern der Produktivität, die sich in der Industrie bewährt haben, aber für personennahe Dienste untauglich sind. Die Forderung nach einer lückenlosen Dokumentation kann dem Interesse des Personals am unmittelbaren Kontakt mit den Patienten zuwider laufen. Er ist widersinnig, wenn die Arbeitszeit, die für den dokumentarischen Aufwand erforderlich ist, der unmittelbaren Zuwendung zum Patienten entzogen wird.

Ungleiche Verhandlungsmacht

Ein berechtigtes Anliegen beim Umbau des Gesundheitssystems bestand darin, die Position der Krankenkassen und Versicherungen zu stärken – gegen die Macht von Pharmakonzernen und Ärztevereinigungen. Inzwischen sind die Machtverhältnisse zugunsten der Nachfrageseite verschoben worden. Aber hat sich dadurch die Qualität der Gesundheitsleistungen verbessert? Im ungünstigen Fall haben sich gesundheitsfremde Ziele und ausschließlich ökonomische Maßstäbe in das Gesundheitswesen breit gemacht. An die Stelle einer fahrlässigen Ressourcenverschwendung sind willkürliche Rationierung und Leistungskürzung, an die Stelle eines Überangebots Versorgungslücken getreten. Mehr Markt und Wettbewerb machen keinen Sinn, wenn die medizinische und therapeutische Kompetenz von Ärzten dabei auf der Strecke bleibt. Das Gesundheitssystem kann sinnvoll durch kollektive Verhandlungen zwischen den Vertretern des Angebots und der Nachfrage gesteuert werden. Diese können als eine der Tarifautonomie vergleichbare Form friedlicher Konfliktregelung gelten. Das Einschleusen von Markt- und Wettbewerbskriterien ist nachrangig. Denn das Angebot und die Nachfrage nach Gesundheitsgütern bleiben trotz der Zauberformel des solidarischen Wettbewerbs fast ausschließlich öffentlich und politisch gelenkt. Eine solche Regelung ist gerechtfertigt, solange eine angemessene Ausstattung mit Gesundheitsgütern keine Ware wie jede andere und ein Grundrechtsanspruch ist.

Bürgerversicherung und pauschalierte Gesundheitsprämie

Derzeit konkurrieren zwei abweichende Vorschläge eines radikalen Umbaus der gesetzlichen Krankenversicherung miteinander. Sie firmieren in der Öffentlichkeit unter den Namen: „Bürgerversicherung“ und „Pauschalierte Gesundheitsprämie“. Die Bürgerversicherung erweitert den Kreis der Versicherten und will alle Erwerbstätigen einschließlich der Selbständigen, Beamten und freiwillig Versicherten einschließen. Dazu wird die bestehende Versichertenpflichtgrenze aufgehoben. Zweitens wird die Beitragsgrundlage erweitert. Nicht nur die Arbeitseinkommen, sondern auch Kapitaleinkünfte werden beitragspflichtig. Die Beitragsbemessungsgrenze wird erhöht und an die der gesetzlichen Rentenversicherung angepasst. Drittens werden die privaten Krankenversicherungen auf bloße Zusatzversicherungen umgestellt. Sie bieten dann Leistungen und Verfahren jenseits dessen an, was als medizinisch notwendig eingestuft wird. Erhöhte Behandlungssätze der Ärzte für Privatpatienten bleiben auf dieses Segment beschränkt.

Die pauschalierte Gesundheitsprämie koppelt die Höhe der Prämie von der Höhe des Arbeitseinkommens ab. Damit wird das Lohnarbeitsverhältnis von den Lohnzusatzkosten entlastet. Sie ist für alle Versicherten einer gesetzlichen Krankenkasse gleich hoch und orientiert sich gemäß dem Grundsatz der Äquivalenz an deren durchschnittlichen Gesundheitsausgaben. Die einzelnen Kassen bieten unterschiedlich hohe Prämien an. Die Krankenversicherung wird von der gesundheitsfremden, sozialen Umverteilung entlastet. Diese wird dem Steuer- und Transfersystem zugewiesen, das alle Einkünfte aller Steuerpflichtigen berücksichtigt. So erhält derjenige, der die Gesundheitsprämie nicht aufbringen kann, einen steuerfinanzierten Ausgleich. Die Position der privaten Krankenversicherungen als Vollversicherungen wird nicht angetastet.

Beide Vorschläge enthalten einen sozialen Ausgleich – entweder durch eine einkommensabhängige Beitragsgestaltung oder durch eine progressive Einkommensteuer verbunden mit einer Art negativer Einkommensteuer für Bedürftige. In beiden Vorschlägen ist eine Erweiterung der Finanzierungsgrundlage vorgesehen – direkt dadurch, dass alle Einkünfte beitragspflichtig werden, oder indirekt durch eine allgemeine Besteuerung. Die Vorschläge weichen in der Hinsicht deutlich voneinander ab, wie sie das Verhältnis von solidarischer Steuerung und Marktsteuerung bestimmen. Bei der Gesundheitsprämie ist die Trennung der zweifachen solidarischen Lastenverteilung auffällig, obwohl doch zwischen bestimmten Krankheitsbildern und Wohlstandspositionen ein Zusammenhang besteht. Die Solidarität zwischen Gesunden und Kranken, Jungen und Alten wird durch die gleiche Gesundheitsprämie innerhalb derselben Krankenkasse hergestellt. Die Solidarität zwischen den Beziehern hoher und geringer Einkommen ist dagegen an das Steuer- und Transfersystem gekoppelt. Nun greift die Steuerprogression und damit die solidarische Steuerung bei den höheren Einkommen nur begrenzt. Der Wettbewerb unter den gesetzlichen und privaten Krankenkassen verleitet dazu, eine gezielte Risikoselektion vorzunehmen und weniger rentable Risikogruppen abzuwehren. Folglich wird die Solidarität zwischen den Mitgliedern verschiedener Kassen nicht direkt, allenfalls indirekt über den Risikostrukturausgleich hergestellt, der jedoch defizitär ist. In der Summe ist die Steuerungsform der Solidarität in dem Vorschlag der Gesundheitsprämie nur abgeschwächt wirksam. Einige meinen, eine steuerfinanzierte Umverteilung sei riskanter als eine versicherungsinterne Umverteilung. Doch dagegen spricht, dass der Staat sich erfahrungsgemäß das Recht nimmt, bei Bedarf auch in die selbstverwaltete gesetzliche Krankenversicherung einzugreifen. Gegen die pauschalierte Gesundheitsprämie spricht, dass die durch das Steuer- und Transfersystem erforderliche Finanzierung, die von Bert Rürup mit einem jährlich erforderlichen Volumen von etwa 40 Mrd. Euro errechnet wurde, kaum durchsetzbar ist. Dabei stehen drei alternative bzw. kombinierte Finanzierungsmöglichen zur Wahl: der Steueranteil des Arbeitgeberbeitrags, der den Arbeitnehmern ausgezahlt werden soll, höhere Einkommen- oder Mehrwertsteuern oder erhöhte Beiträge der gesetzlich Krankenversicherten. Jede der genannten steuerbezogenen Finanzierungsformen wirft zusätzliche und erhebliche Verteilungsprobleme auf. Werden abhängig Beschäftigte unverhältnismäßig belastet? Durchkreuzt die Steuermehrbelastung das Anliegen der sinkenden Beitragssätze? Müssen diejenigen, die sich die Gesundheitsprämie nicht leisten können, entwürdigende Überprüfungen ihrer Einkommens- und Vermögenslage erdulden? Privatisiert eine für Männer und Frauen gleiche Gesundheitsprämie das Geschlechterrisiko nicht erwerbstätiger Frauen? Löst die Kombination der pauschalierten Prämie mit zusätzlichen Beiträgen oder zusätzlichen Steuern eine bürokratisch undurchsichtige Umschichtung öffentlicher und privater Zahlungen aus? Ein erster Eindruck festigt sich: Die selbstverwaltete Bürgerversicherung weitet die Reichweite der solidarischen Steuerung aus, die pauschalierte Gesundheitsprämie verengt sie.

8. Unternehmen in der Zivilgesellschaft

„Wirtschaftsunternehmen sind eigenständige Motoren der Bürgergesellschaft“, mit diesen Worten hat Rolf-E. Breuer, der frühere Sprecher des Vorstandes der Deutschen Bank, zu Beginn des Jahres 2002 die Mitverantwortung der Bank für die Entwicklung der Rhein-Main-Region und die Einbindung des Unternehmens in die Gesellschaft vor Ort bekundet. In einer Zeit, da die sozialen Spannungen wachsen und der Staat soziale Leistungen beschneidet, erklären die Unternehmen sich offenkundig bereit, für die Freiheitsrechte, die der Staat ihnen zur wirtschaftlichen Betätigung gewährt, eine Gegenleistung zu erbringen und gesellschaftliche Verantwortung zu übernehmen. „Corporate Citizenship“ ist zu einem Leitbild einer veränderten Unternehmenskultur geworden. Rolf-E. Breuer erläutert das zivilgesellschaftliche Bewusstsein in den Unternehmen so: „Um ein good Corporate Citizen zu sein, … genügt es nicht, in Einklang mit den Gesetzen zu leben und wirtschaftlichen Erfolg zu erreichen. Hinzu kommen muss vielmehr die gesellschaftliche Akzeptanz. Sie ist notwendig und erstrebenswert. Der unternehmerische Erfolg hängt immer auch von der wirtschaftspolitischen und gesellschaftlichen Rahmenordnung ab. Diese durch Taten und nicht allein durch Worte mitzugestalten, ist unser Anliegen“. Im Sommer 2004 hat die Deutsche Bank zum zweiten Mal ihrem Geschäftsbericht eine Broschüre: „Gesellschaftliche Verantwortung“ (Corporate Social Responsability) hinzugefügt. Darin werden nicht unmittelbar auf Gewinn, aber auf die Öffentlichkeit ausgerichtete Tätigkeitsfelder dokumentiert, die das zivilgesellschaftliche, nämlich das kulturelle, pädagogische und soziale Engagement der Bank belegen.

Zivilgesellschaftliches Engagement

Was heißt zivilgesellschaftliches Engagement privater Unternehmen? Damit ist die freiwillige Übernahme gesellschaftlicher Verantwortung gemeint – überwiegend in der Gemeinde oder Region. Sie besteht auf der finanziellen Ebene aus Spenden, Patenschaften oder Stiftungen. Auf der personellen Ebene werden interessierte Mitarbeiterinnen und Mitarbeiter für Einsatzdienste in gemeinnützigen Projekten freigestellt. Es kommt zu mittelfristigen Partnerschaften insbesondere mit Schulen und sozialen Diensten sowie zu mittelfristiger Zusammenarbeit mit gemeinnützigen Einrichtungen, denen Führungskräfte mit besonderen Kompetenzen und Erfahrungen überlassen werden.

Beeindruckend sind die Berichte zivilgesellschaftlichen Engagements, von denen einige beispielhaft erwähnt werden sollen: „Projekt Seitenwechsel“ heißt ein Angebot für Führungskräfte. Diese tauchen für eine Woche in eine für sie ungewöhnliche Lebens- und Arbeitswelt ein. Sie verlassen ihren Schreibtisch im Büro und arbeiten beispielsweise in einem Altenpflegeheim, engagieren sich in einer Obdachlosensiedlung oder begleiten ein Projekt betreuten Wohnens für Jugendliche. „Corporate Volunteering“ ist die Bezeichnung für freiwillige Dienste, die Mitarbeiterinnen und Mitarbeiter eines Unternehmens leisten. Während diese ihre personale Kompetenz und Arbeitszeit einsetzen, stellt das Unternehmen die Finanzmittel zur Verfügung. Seit einigen Jahren werden operatives Geschäft und Stiftungsvermögen differenziert und aufeinander bezogen. Die privaten Stiftungen verlegen sich darauf, aktuelle gesellschaftliche Anliegen, beispielsweise die Vereinbarkeit von Erwerbsarbeit und Kindererziehung, familiengerechte Arbeitszeitmodelle im Unternehmen oder zukunftsfähige Ausbildungsgänge für Jugendliche finanziell und institutionell zu fördern.

„Corporate Sustainability“ meint ein Engagement, das in die Zukunft ausgreift. Unternehmen verpflichten sich zu einem nachhaltigen Wirtschaften. Sie machen verbindliche Zusagen, dass sie dem Gesundheitsschutz am Arbeitsplatz erhöhte Aufmerksamkeit widmen, den Menschenrechten Geltung verschaffen sowie das Wohl der Kunden sowie die humane und soziale Entwicklung der Gesellschaft berücksichtigen.

„Global Compact" bezeichnet die Beteiligung weltweit operierender Unternehmen an einem globalen Gesellschaftsvertrag, der vom Generalsekretär der Vereinten Nationen, Kofi Annan angeregt wurde. Die Unternehmen verpflichten sich, die Menschenrechte zu achten, international geltende Arbeitsnormen wie das Verbot der Kinderarbeit, Zwangsarbeit und Frauendiskriminierung zu befolgen, den vorsorgenden Umweltschutz auszuweiten und umweltverträgliche Techniken anzuwenden.

Warum ist das zivilgesellschaftliche Engagement von den Unternehmen in Deutschland bisher nur zögernd aufgegriffen worden? Vermutlich liegt ein Grund darin, dass es zu einer Zeit propagiert wird, in der sozialstaatliche Leistungen gekürzt und Einrichtungen der öffentlichen Infrastruktur geschlossen werden. Sollen Unternehmen etwa als Ausfallbürgen verfehlter sozialstaatlicher Politik in Anspruch genommen werden? Bei den Unternehmen war wie bei den privaten Haushalten die Überzeugung fest verwurzelt, dass man sich auf den Sozialstaat, die Wohlfahrtsverbände und die Tarifpartner weiterhin verlassen könne. Folglich haben die Manager die bisher vorhandenen arbeitsmarktpolitischen Instrumente der Frühverrentung, Kurzarbeit und betriebsbedingten Kündigung genutzt. Sie teilen die verbreitete Auffassung, dass soziales Handeln selbstlos und kostenlos geleistet werde, während wirtschaftliches Handeln eigennützig und Gewinn bringend sei. Immerhin sperren sie sich nun nicht mehr gegen eine Annäherung partikularer privater Interessen an die öffentlichen Interessen der Region bzw. der Kommune. Das zivilgesellschaftliche Engagement nutzen die Unternehmen auch als Medium der Personalentwicklung, wenn sie Mitarbeiterinnen und Mitarbeiter in Phasen, die für das Unternehmen schwierig sind, an gemeinnützige Träger ausleihen und in einem gemeinnützigen Projekt einsetzen, während das Gehalt weiter gezahlt wird. Das Personal kann sich für neue Aufgaben qualifizieren und eigenverantwortlich neue Sinnperspektiven erschließen. Sobald die wirtschaftliche Belebung es zulässt, ist es sofort wieder voll einsatzfähig. So erweist sich das zivilgesellschaftliche Engagement als ein Positivsummenspiel für die Unternehmen, für die Einrichtungen und für die Wohlfahrt der beteiligten Bürgerinnen und Bürger. Auffällig ist die sektorale Konzentration des zivilgesellschaftlichen Engagements in der Automobil-, Konsumgüter- und Pharmaindustrie sowie in den Finanzdienstleistungen und im Handwerk. Regionale Schwerpunkte sind die wirtschaftlich blühenden Regionen Köln-Düsseldorf, Rhein-Main, München und Stuttgart sowie Leipzig-Jena-Halle.

Erwartungsbegriff Zivilgesellschaft

Der Begriff der Zivilgesellschaft hat bei vielen politikverdrossenen und globalisierungskritischen Zeitgenossen euphorische Erwartungen geweckt. „Zivilgesellschaft" ist der Inbegriff demokratischer, gesellschaftlicher Selbstorganisation, die sich unabhängig vom Staat und außerhalb des Marktes bildet. Entstanden ist dieser Begriff während der 1960er Jahre in Lateinamerika im Kampf gegen die autoritären Militärjuntas. In den 1980er Jahren inspirierte er in Ost- und Mitteleuropa die friedliche Revolution gegen die Kommandowirtschaft und die um eine Partei zentrierte Staatsmacht. Daraus bildete sich die Hoffnung, dass die Zivilgesellschaft zum Leitmotiv einer radikal und direkt demokratisierten Gesellschaft werden könne. Während der 1990er Jahre wurde mit diesem Begriff in Westdeutschland die Kritik am Wohlfahrtsstaat und den bürokratisch erstarrten Wohlfahrtsverbänden verbunden. Die freiwilligen Zusammenschlüsse, die unter Einschluss der Unternehmen für das „bürgerschaftliche Engagement“ und das Ehrenamt warben, sollten dem Staat die Achtung vor den bürgerlichen Freiheitsrechten abtrotzen. Gleichzeitig knüpften Angehörige des bürgerlich-konservativen Milieus verschiedene Netzwerke, die den schwindenden Gemeinsinn und die bedrohten bürgerlichen Tugenden festigen sollten. Die Zivilgesellschaft wird schließlich als kritischer Resonanzboden und kommunikative Kontrollinstanz jenseits von Staat und Wirtschaft stilisiert.

Der Begriff der Zivilgesellschaft ist also vielschichtig normativ aufgeladen. Daher sollte nüchtern geprüft werden, was die real existierende Zivilgesellschaft tatsächlich leisten kann – gerade in Hinblick auf das gesellschaftliche Engagement von Unternehmen. Auch sollten die möglichen Adressaten und belastbaren Partner des „Corporate Citizenship“ eindeutig identifiziert werden.

Bürgerschaftliches Engagement und das Ehrenamt sind am häufigsten und in erster Linie auf der Mikro-Ebene angesiedelt – in Sportvereinen, Hobbyclubs, Freizeitaktivitäten, Straßen- und Stadtteilfesten sowie Elterninitiativen im Umfeld von Schulen und Kindergärten. Instrumentelle Gesichtspunkte wie das Sammeln neuer Erfahrungen, das Knüpfen von Beziehungen sowie der Erwerb von Selbstkompetenz, um die beruflichen Karrierechancen zu verbessern, stehen bei diesem Engagement im Vordergrund.

Die Meso-Ebene belegt der so genannte Dritte Sektor mit einer großen Bandbreite an Organisationen und Formen von Dauer, die sich weder erwerbswirtschaftlich noch hoheitlich betätigen. Zu ihm gehören Vereine, Verbände, Parteien, Stiftungen, Genossenschaften, selbstverwaltete Betriebe, gemeinnützige Unternehmen, Organisationen ohne Erwerbszweck, Wohlfahrtsverbände und Nicht-Regierungsorganisationen. Sie lassen sich in fünf Gruppen differenzieren. Die erste Gruppe sind „Mitgliederorganisationen“. Darunter fällt das breite lokale

Vereinswesen mit geringem Professionalisierungsgrad, das hauptsächlich durch Mitgliedsbeiträge finanziert wird. Zur zweiten Gruppe der „Dienstleister“ gehören die Wohlfahrtsverbände mit hoher Professionalisierung und Finanzierung über den Staat oder den Markt. Die dritte und vierte Gruppe umfasst jeweils Interessenvertretungen: wobei die Berufs- und Wirtschaftsverbände sowie die Gewerkschaften die Interessen ihrer Mitglieder vertreten, von diesen finanziert werden. Diese sind professionalisiert und eng in den politischen Prozess eingebunden. Im Unterschied dazu setzen sich die Nicht-Regierungs-Organisationen für andere, nämlich für Menschenrechte, Umweltschutz und Randgruppen ein. Sie werden meist von Spenden oder öffentlichen Geldern finanziert, weisen einen unterschiedlichen Organisationsgrad auf und sind unterschiedlich vom Staat bzw. ihrer Basis abhängig. Zur fünften Gruppe gehören die Stiftungen, die partei- oder konzernnah verwaltet werden und ein eigenständiges Stiftungsprogramm umsetzen. Der Makro-Ebene zugeordnet sind die neuen sozialen Bewegungen, jene Protestgruppen, die aus der außerparlamentarischen Opposition und der Studentenbewegung am Ende der 1960er Jahre hervorgegangen sind – insbesondere die Anti-Atomkraft-, Umwelt-, Frauen- und Friedensbewegung. Sie streben gesellschaftliche Veränderungen an, sind als Netzwerke organisiert und wehren sich gegen bürokratische Verfestigung. Die Nicht-Regierungs-Organisationen können als der stärker und formal organisierte Flügel der neuen sozialen Bewegungen angesehen werden. Auch sie sind ursprünglich die Verkörperung einer radikal demokratisierten Zivilgesellschaft. Sie betreiben professionelle Lobbyarbeit und unterhalten ein thematisch orientiertes, arbeitsteiliges und hoch spezialisiertes Netzwerk alternativer Experten. Sie finanzieren sich aus Zuwendungen der Nationalstaaten, der EU und der Vereinten Nationen und sind inzwischen eine alternative politische Elite und Dienstleister mit fließenden Grenzen zum Dritten Sektor geworden.

Dieser Überblick zeigt schon, dass mit zivilgesellschaftlichem Engagement nicht automatisch ein Jahrhundert der entfesselten Kreativität und Initiative von Individuen, gesellschaftlichen Gruppen und Unternehmen bevorsteht, die sich alle selbst organisieren, autonom verwirklichen und personell, zeitlich sowie finanziell engagieren. Vier Gründe stützen das nüchterne Urteil, dass die Zivilgesellschaft als dritte gesellschaftliche Kraft jenseits des Staates und außerhalb des Marktes kaum mit einem beispiellosen Aufschwung rechnen kann.

Ein erster Grund schöpft aus der Erfahrung, dass es die Zivilgesellschaft nur in einem diffusen Plural gibt. Dies gilt für die Organisationsform, die relativ abgegrenzten Milieus der deutschen Bevölkerung und die vorherrschenden Interessen der Initiativgruppen. Nach welchen Maßstäben entscheidet nun ein Unternehmen, wo und wie es sich engagiert – angesichts der Vielzahl zivilgesellschaftlicher Milieus und der Vielzahl der Initiativen vom Kuchenbasar in der Kirchengemeinde bis zur Demonstration gegen Beschäftigungsabbau?

Ein zweiter Grund beruht auf der Diagnose, dass die Zivilgesellschaft die Klassenlagen spiegelt, die aus der industriellen Erwerbsgesellschaft nachwirken. Der Kommunalbeamte und die Gymnasiallehrerin sind eher im Stande, eine private Kindertagesstätte zu organisieren oder eine Privatschule finanziell zu unterstützen als die Kassiererin im Supermarkt und der Lagerarbeiter. Mitglieder eines Golfclubs und Fußballfans bewegen sich in getrennten Lebenswelten. Männer engagieren sich eher in ehrenamtlichen Entscheidungsgremien, Frauen eher in der persönlichen Begleitung von Kranken und Alten. Die Zivilgesellschaft ist eine mediale Gesellschaft. Das persönliche, zeitliche und finanzielle Engagement zivilgesellschaftlicher Akteure wird in die Kanäle gelenkt, die sich erlebnisstark und massenmedial aufschäumen lassen.

Ein dritter Grund ist das gewachsene Bewusstsein der Wechselwirkung eines finanzstarken Staates, einer leistungsfähigen Wirtschaft und einer kreativen Zivilgesellschaft. Eine unbefristete Beschäftigung, ein sicheres Arbeitseinkommen, eine qualifizierte Ausbildung, eine positive Zukunftsperspektive und stabile partnerschaftliche Beziehungen sind eine Vorbedingung für das persönliche, zeitliche und finanzielle Engagement in der Zivilgesellschaft. Aufschlussreich ist jene Wechselwirkung von Erwerbsarbeit, Hausarbeit und zivilgesellschaftlichem Engagement, wenn Männer und Frauen eine paritätische Aufteilung der Erwerbsarbeit und Hausarbeit anstreben. Während die traditionelle Arbeitsteilung zwischen vollerwerbstätigem Mann und teilzeitarbeitender Frau ein zivilgesellschaftliches Engagement begünstigen, in dem Frauen und Männer sich wie oben erwähnt engagieren, wird dieses durch eine gleichgestellte Arbeitsteilung im Beruf und Familie erschwert. Eine weiterer negativer Zusammenhang ist belegt: Soziale Einschnitte sowie die Manie des Sparens, Kürzens und Streichens, schnüren die Kreativität, die Risikobereitschaft und das finanzielle Engagement der Zivilgesellschaft ein. Sie verbreiten eine depressive Stimmung, in der aus dem Blick gerät, was den persönlichen, zeitlichen und finanziellen Tellerrand überschreitet.

Welchen Beitrag leistet ein zivilgesellschaftlich engagiertes Unternehmen, damit die arbeitszeitlichen, monetären und geschlechtsspezifischen Barrieren des betrieblichen Alltags das private, lebensweltliche Engagement der Mitarbeiterinnen und Mitarbeiter nicht erschweren? Lässt das Unternehmen eine Rückkopplung der demokratischen Zivilgesellschaft auf die Innenwelt des Unternehmens zu? Welcher Rang im Unternehmen selbst wird dem Respekt vor dem menschlichen Faktor eingeräumt?

Ein vierter Grund nährt sich aus der Versuchung, das zivilgesellschaftliche Engagement eines Unternehmens ausschließlich werbewirksam einzusetzen. Nicht immer sind Selbstdarstellung und öffentliche Kommunikation mit dem tatsächlichen Handeln deckungsgleich. Das zivilgesellschaftliche Engagement liegt im freien Ermessen, ist eher Ausdruck barmherziger Mildtätigkeit und bezieht seine moralische Qualität aus der guten Absicht des Spenders. Oft bleibt es selektiv, dem Sozialmilieu verhaftet, das durch die gesellschaftliche Position der Produzenten bzw. Konsumenten bestimmt ist. In den Allianzen mit Kommunen und freien Wohlfahrtsverbänden bleiben die Interessen der Unternehmer dominant. Die Kommunen müssen darum bitten, dass die unternehmerische Wohltätigkeit auf das Wohl der ganzen Stadt hin gelenkt wird. Die Abgeordnete einer großen süddeutschen Stadt hätte es lieber gesehen, wenn Konzerne Steuern zahlten, die ausreichten, um viele Kinderspielplätze zu errichten, als dass deren Manager medienwirksam einen ausgewählten Kinderspielplatz in Unternehmensnähe restaurieren.

Zivile Unternehmen

Die Frage nach der Rolle privater Unternehmen in der Zivilgesellschaft war von der Gegenüberstellung wirtschaftlich erfolgreicher Unternehmen, eines verschlankten Staates und einer dynamischen Zivilgesellschaft ausgelöst worden. Die Unternehmen erklärten sich als Bestandteil der Zivilgesellschaft und suchten sich in „bürgerschaftliche" Engagements einzureihen. Inzwischen sind zwei Erkenntnisse gewonnen: Erstens ist das Profil der tatsächlichen Zivilgesellschaft abhängig von der wirtschaftlichen Leistungsfähigkeit, die in den Unternehmen erarbeitet wird, sowie von dem politischen Rahmen, der die gesellschaftlichen Lebensweisen, den menschlichen Faktor aufrichtet oder niederdrückt. Zweitens können die Unternehmen nicht erwarten, dass die Zivilgesellschaft ihnen die Rolle definiert, die sie in einer demokratischen Zivilgesellschaft spielen sollen. Daraus folgt, dass die Unternehmen im Unternehmen selbst zu regeln haben, was den zivilen Charakter ihres Wirtschaftens ausmacht. Die folgenden vier Anfragen präzisieren die Merkmale eines zivilen Unternehmens: Kultivieren und veredeln die Unternehmen das Arbeitsvermögen ihrer aktuellen und potentiellen Mitarbeiterinnen und Mitarbeiter? Respektieren sie den demokratischen Grundsatz der Beteiligungsgerechtigkeit? Orientieren sich die Führungskräfte an einem pluralen Unternehmenswert? Bejahen die Unternehmen eine freundliche Kooperation mit dem Staat?

Das Arbeitsvermögen

Zivile Unternehmen an der Schwelle von der Industriegesellschaft zur kulturellen Dienstleistungsgesellschaft sind von den Veränderungen auf den Gütermärkten und bei den eigenen Kunden sensibilisiert, die vitale Bedürfnisse anmelden – nach mehr Umwelt- und Lebensqualität, Gesundheit, (musischer) Bildung, Freizeitgestaltung und Kultur. Infolgedessen richten sie ihre Aufmerksamkeit verstärkt darauf, wie sie das Arbeitsvermögen ihrer Mitarbeiter an der Nachfrage nach personenbezogenen Dienstleistungen auf neu erschlossenen Märkten orientieren. Welche Kompetenzen werden für die im Unternehmen zu leistenden Arbeiten und die Leistungsfähigkeit des Unternehmens benötigt? Das Interesse der Unternehmen richtet sich auf Mitarbeiterinnen und Mitarbeiter, die über kognitive, praktische und kommunikative Kompetenzen verfügen.

Mit kognitiver Kompetenz sind jene Qualifikationen gemeint, vorliegende Daten und Informationen zu erfassen. Sie geht jedoch über das bloße Sammeln einer Menge von Informationen und Datenmengen hinaus. Die kognitive Kompetenz der Mitarbeiterinnen und Mitarbeiter schließt ein Urteil über das, was wichtig und unwichtig, was notwendig, nützlich und angenehm ist, ein. Und darüber hinaus das Urteilsvermögen, um zu entscheiden, was hilfreich und schädlich, was gut und schlecht, was recht und unrecht ist. Ohne persönliches Engagement und verbindliche Stellungnahme bleibt jedes Wissen oberflächlich. Zur kognitiven Kompetenz gehört auch die Qualifikation, technisches und ökonomisches Wissen zu verarbeiten. Und schließlich ein synthetisches Vermögen, um technische, betriebswirtschaftliche und ökonomische Zusammenhänge als Einheit zu erfassen sowie eine konkrete Situation unter Rückgriff auf ein gespeichertes Wissen kreativ zu deuten.

Mit praktischer Kompetenz ist das Handlungswissen gemeint. Es schließt instrumentelle, strategische und organisatorische Qualifikationen ein, mit technischen Anlagen umzugehen, Formen der Markterschließung und der Gewinnung von Kunden zu entwerfen und Arbeitsprozesse kooperativ zu steuern.

Mit kommunikativer Kompetenz ist die Teamfähigkeit und die Bereitschaft zur Kooperation gemeint, das Sprachvermögen, die Offenheit und das Interesse an den Mitarbeiterinnen, Mitarbeitern und Fremden. Zivile Unternehmen nehmen die gesellschaftliche Tendenz der Individualisierung und das individuelle Verlangen, ein autonomes Subjekt zu werden, ernst. Sie spüren, wie sich die Lebensentwürfe junger Menschen geändert haben. Diese erstreben ein selbstbestimmtes Leben mit einer unverwechselbaren Identität. Sie verwenden oft viel Energie darauf, damit diese Lebensentwürfe nicht vorzeitig verdampfen. Die Unternehmen sind gut beraten, sich für solche Mitarbeiterinnen und Mitarbeiterinnen zu interessieren, die sich als mündige Subjekte, als Geschlechter- und als Lebewesen begreifen. Die Selbstkompetenz des Subjekts, „seine eigene Geschichte erzählen zu können“, ist eine der kostbarsten Ressourcen, die ein Unternehmen gewinnen kann. Solche Mitarbeiter und Mitarbeiterinnen legen Wert darauf, die Grenze zwischen gesellschaftlich organisiertem Erwerbsleben und privater Lebenswelt respektiert zu sehen. Im Arbeitsvertrag wird die Selbstzwecklichkeit der abhängig Beschäftigten, die keinen Preis hat, anerkannt. Ihr entspricht das Beharren auf einer

Trennlinie von unternehmerischem und privatem Interesse. Diese Trennung der Sphären verspricht ein Kreativitätsgewinn für das Unternehmen zu werden. Die Kompetenz der Intersubjektivität, der Partnerfähigkeit und Partnerbindung ist Zweck an sich selbst und gleichzeitig ein Gewinn für das zivile Unternehmen. Das flexible Individuum, das sich scheinbar total für die Interessen des Unternehmens opfert, kann nicht die Wunschvorstellung ziviler Unternehmen sein. Solange sie zulassen, dass für Männer und Frauen, die als Paar zusammen leben, die gewünschten und tatsächliche Arbeitszeit auseinander klafft, gehen ihnen Motivations- und Leistungspotenziale verloren. Die innere Emigration von Männern, denen sie verwehren, ihre Erwerbsarbeit zu reduzieren, und das Unbehagen erwerbstätiger Frauen, denen sie versagen, ihre Teilzeitarbeit ausdehnen, kommt den Unternehmen am Ende teuer zu stehen. Deshalb sind zivile Unternehmen daran interessiert, zusätzliche Mitarbeiterinnen einzustellen, zumal diese oft über höhere Kompetenzen als ihre männlichen Kollegen verfügen. Allerdings haben sie ein Risiko mitzutragen, das dann eintritt, wenn Frauen nach einer ersten Erwerbsphase sich für die private Kindererziehung entschließen. Sie reduzieren dieses Risiko, indem sie erwerbstätigen Frauen betriebsnahe Kindergärten oder Arbeitsplatzgarantien mit Möglichkeiten der Fortbildung während der Erziehungsphase anbieten, um sie dauerhaft an das Unternehmen zu binden. Aber sie sollten auch die Männer mit der Frage der Vereinbarkeit von Erwerbsarbeit und privater Erziehungsarbeit konfrontieren.

Die ökologische Kompetenz meint zum einen die Sensibilität für den Zusammenhang des Lebens, in den die Individuen und die Gesellschaft eingebettet sind. Es meint zum anderen die Wiedergewinnung das Wiedereinschalten der inneren Uhr sowie die Wiederentdeckung der Fähigkeit, die eigenen Bewegungen am Wechsel von Tag und Nacht, von Werktag und Festtag sowie am Wechsel der Jahreszeiten auszurichten. Aus wohlverstandenem Eigeninteresse sollten zivile Unternehmen der vorherrschenden Praxis entgegentreten, die es den Betrieben gestattet, zu atmen, während die abhängig Beschäftigten keine Atempause haben, um sich der Pseudo-Verheißung des „immer schneller, immer besser“ zu entziehen.

Beteiligungsgerechtigkeit

Die Unternehmen in Deutschland sind ursprünglich kapitalistische Unternehmen. Sie werden zivilisiert, indem sie bejahen, in eine demokratische Gesellschaft eingebettet zu sein. Respektieren sie junge Mitarbeiterinnen und Mitarbeiter, die demokratische Lebensformen und Lebensstile im Lauf ihrer Ausbildung in der Schule und Hochschule kennen gelernt und damit positive Erfahrungen gemacht haben? Diese sind mit der Erinnerung an die friedliche Revolution von 1989 groß geworden, die sich in einen globalen Traum verdichtet hat, dass materieller Wohlstand und persönliche Freiheit, Kapitalismus und Demokratie miteinander versöhnt werden können. Der Bewährungstest dafür, dass Unternehmen keine vordemokratische Reservate sind, liegt in der Anerkennung des Rechts auf Beteiligung. Auf dieses Recht sollte niemand vor der Bürotür oder vor der Fabrikhalle verzichten müssen.

Zivile Unternehmen sollten ihr Interesse an Mitarbeiterinnen und Mitarbeitern bekunden, die über die Kompetenzen der Zivilcourage, Beteiligung und moralischer Orientierung verfügen. Die Neigung zum Querdenken, Mitdenken und Vorausdenken ist eine persönliche Qualifikation und eine wertvolle unternehmerische Ressource. Das Interesse, sich kritisch einzuschalten, an den Meinungs- und Entscheidungsprozessen im Unternehmen aktiv beteiligt zu sein und für die Folgen mitbestimmter Entscheidungen einzustehen, verdient auch hohe gesellschaftliche Anerkennung. Werden solche Kompetenzen gewürdigt, steigen Motivation und Engagement für das Unternehmen. Mitarbeiterinnen und Mitarbeiter treten aus der Rolle unbeteiligter Außenseiter heraus und definieren sich als in ein Vertragsnetz eingebunden, das alle im Unternehmen Engagierten verknüpft. Moralische Kompetenz ist unverzichtbar an jene intersubjektive, sprachlich vermittelte Verständigung gebunden, die nicht vor den Grenzen des Teams, der Clique, der Klasse und des Volkes Halt macht. Das politische Beteiligungsrecht abhängig Beschäftigter bezieht sich im Betrieb und Unternehmen auf die Gestaltung des Arbeitsplatzes, auf die solidarische Interessenvertretung im Rahmen der Betriebsverfassung und auf die unternehmerische Mitbestimmung in den Aufsichtsorganen eines zivilen Unternehmens. Unternehmen ohne Betriebsrat, die gewerkschaftliches Engagement behindern, sind keine zivilen Unternehmen.

Pluraler Unternehmenswert

„Moral an die Börse!" So überschrieb die Wochenzeitung „Die Zeit" einen von Georges Soros verfassten Beitrag über die Ursachen der Finanz- und Bankenkrise. Seit dem Absturz der Börsenkurse sind sich Journalisten darüber einig, dass die Investmentbanker bei ihren Finanzgeschäften von „nackter Gier" getrieben seien. Die Gier habe die Vorstandsetagen erobert, die Gehälter in immer neue Höhen getrieben, in der Erwartung des schnellen Geldes zu verwegenen Geschäften verleitet und letztlich die Grundpfeiler des Gewerbes, Solidität und Integrität zersetzt. „Wir alle haben Fehler gemacht", kommentiert Rolf-E. Breuer den Kursverfall und die Strukturkrise der Großbanken. Auch Klaus-Peter Müller, der Vorstandssprecher der Commerzbank, bestätigt, dass die Banken Fehler gemacht hätten. Sie hätten nicht einkalkuliert, dass die Börse so abrupt einbrechen könnte. Sind Fehlverhalten, Gier und moralisches Versagen der Finanzakteure der Schlüssel, um die wirtschaftliche Stagnation und die Funktionsdefizite der Börsen und Finanzmärkte zu erklären? Sind Gehaltsverzichte der Manager oder die detaillierte Offenlegung der Managergehälter nach festen, erfolgsabhängigen und solchen Komponenten, die langfristige Anreizwirkungen haben, ein Erfolg versprechender Weg, die Krise zu überwinden? Natürlich nicht.

Ob die angelsächsische Unternehmenskultur sich gegenüber der auf dem europäischen Kontinent anerkannten als überlegen erweist, ist nicht entschieden. Das Unternehmen muss nicht vorrangig als Vermögensgegenstand in den Händen der Anteilseigner betrachtet werden. Die Manager sind nicht genötigt, ihre Entscheidungen ausschließlich am „Shareholder Value", also am Unternehmenswert zu orientieren, dessen Veränderung sich in den Aktienkursen ausdrückt. Sie müssen nicht zuerst die Eigentumsansprüche der Aktionäre berücksichtigen, die durch die bürgerlich-demokratischen Verfassungen als berechtigt anerkannt sind. Denn die Aktiengesellschaft, die als Publikumsgesellschaft betrieben wird, ist eine juristische Person, die keine Eigentümer hat. Die Aktionäre sind Eigentümer der Aktien und Mitglieder der Gesellschaft. Sie tragen zwar formell das Verlustrisiko und sind an den Gewinnchancen beteiligt, aber sie haben keine bzw. nur eine beschränkte Verfügungsmacht über unternehmerische Entscheidungen. Ihre Eigentumsansprüche sind rechtlich beschnitten. An diese Besonderheit knüpft das kontinentaleuropäische Konzept der unternehmerischen Beteiligung an, nämlich sowohl der Beteiligung an den unternehmerischen Entscheidungsprozessen (Mitbestimmung) als auch der Beteiligung am Gewinn und am Produktivvermögen. Dass eine demokratische Unternehmenskultur offensiv vertreten werden kann, bestätigt der deutsche „Corporate Governance Kodex", der im Jahr 2002 von einer Regierungskommission verabschiedet worden ist. Das zivilisierte kapitalistische Unternehmen hat die Konturen eines Personenverbands, der die souveränen Subjekte der Arbeitsvermögen und der Kapitalvermögen umfasst. Die Rolle der

Unternehmensleitung besteht darin, dass sie ein Vertragsnetz zwischen denen knüpft, die durch ihre Arbeit oder durch ihr Vermögen dauerhaft an dem Unternehmen beteiligt sind. Sie soll in zivilen Unternehmen einen Interessensausgleich unter „fairen" Vertragsbedingungen herstellen, der einzelne Interessengruppen in prekären Situationen vor der Übermacht und den Informationsvorteilen anderer schützt.

Zivile Unternehmen sind gerade im Finanzsektor unverzichtbar. Der besondere zivile Bedarf hängt mit der Doppelrolle der Finanzunternehmen zusammen. Diese sind überwiegend privatwirtschaftlich organisiert. Sie erfüllen jedoch eine öffentliche Funktion, indem sie die Wirtschaft elastisch mit Geld versorgen und innovative, als rentabel erwartete Investitionen der Unternehmen vorfinanzieren. Dabei setzen sie die Geld- und Kreditschöpfungsmacht ein, die ihnen im allgemeinen Interesse zuerkannt ist. Die Erinnerung an Friedrich Wilhelm Raiffeisen kann gerade nach dem finanzwirtschaftlichen Desaster am Ende des vergangenen Jahrhunderts anregend wirken. Er hatte vor 150 Jahren eine „Integrationsbewegung von unten" angestoßen und warb dafür, dass Volksbanken sich am Grundsatz der kollektiven Selbsthilfe und der Ortsbindung orientieren. Es ging ihm also darum, die Interessen kleiner und mittlerer Unternehmer am Ort zu bedienen, die Finanzströme an die Warenströme zu koppeln und die Kreditgeschäfte überschaubar zu halten. Zeitgemäße Genossenschafts- und Beteiligungsformen entstehen derzeit als Reaktion auf den Leidensdruck kleiner und mittlerer Unternehmen, die eine rentable Geschäftsidee haben, kreditwürdig sind, von der Hausbank jedoch kein Geld erhalten, weil diese den restriktiven Auflagen der Bank für Internationalen Zahlungsausgleich (Basel II) folgt. Für solche Graswurzelbewegungen der Kreditfinanzierung gilt die klassischen Regel des Bankgeschäfts: „Man kennt sich, man vertraut sich, man entscheidet vor Ort". Sie sind davon überzeugt, dass die wirtschaftliche Belebung – wie vor das Wirtschaftswunder der Nachkriegszeit – mit der großzügigen zinsgünstigen Kreditvergabe an kleine und mittlere Unternehmen beginnt, an Handwerksbetriebe, Zulieferer der Autoindustrie sowie Anbieter von Gesundheits-, Bildungs-, Kommunikations- und Kulturleistungen. Ein ziviles Netzwerk von Unternehmen und Banken, des realwirtschaftlichen und monetären Kreislaufs sowie kommunaler und unternehmerischen Entscheidungsträger bietet auch heute die größeren Chancen einer wirtschaftlichen Belebung als ein symbolischer Einkommensverzicht von Spitzenmanagern oder die Offenlegung der festen und variablen Bestandteile ihrer Millionengehälter.

Freundliche Kooperation

Zivile Unternehmen verdanken dem Staat und seinem Bildungssystem qualifizierte Mitarbeiterinnen und Mitarbeiter, wirtschaftliche Vorteile und kulturelle Annehmlichkeiten, die insgesamt die Leistungsfähigkeit der Unternehmen steigern. Die Position ziviler Unternehmen ist nur in einem Dreiecksverhältnis von Staat und Zivilgesellschaft zutreffend zu bestimmen. Dass private Unternehmen mit der Zivilgesellschaft ein gegen den Staat gerichtetes Bündnis eingehen, ist ebenso unangemessen wie die Vorstellung, die Besteuerung von Unternehmen folge einer Vereinbarung mit dem Staat auf gleicher Augenhöhe. Der Staat hat in einer kapitalistischen, demokratiefähigen Marktwirtschaft hoheitliche Aufgaben im allgemeinen Interesse zu erfüllen und folglich das Recht, sich den dazu nötigen Anteil am Volkseinkommen durch Steuern, Abgaben und Gebühren zu sichern. Der Staat stellt öffentliche Güter bereit. In einer Welt, in der die gesellschaftliche Verflechtung zunimmt und die gesellschaftlichen oder ökologischen Risiken wachsen, nimmt der Anteil der bereit zu stellenden öffentlichen Güter nicht ab, sondern zu. Die Arbeit am Menschen, also jene Güter im Bereich der Gesundheit, Bildung, Kultur sowie die Sanierung der öffentlichen, kommunalen und urbanen Infrastruktur, die Grundrechtsansprüche einlösen, rechtfertigen eine höhere, nicht sinkende Steuerbelastung. Darüber hinaus wächst dem Staat die Aufgabe zu, ein Marktversagen dann zu korrigieren, wenn die Güter- und Faktorpreise zwar Signale aussenden, die kurzfristig und einzelwirtschaftlich authentisch sind, langfristige und gesellschaftliche Folgewirkungen jedoch nicht anzeigen.

Auch der soziale Ausgleich gehört zur unverzichtbaren Aufgabe eines demokratischen Staates. Die Sicherung eines Mindestanteils am Volkseinkommen und Volksvermögen für jeden, damit er das gleiche Recht der aktiven Beteiligung in Anspruch nehmen kann, ist unbestritten. Darüber hinaus erfordert das Wegbrechen jener gesellschaftlichen Grundlagen, auf denen die erwerbswirtschaftliche Solidarität aufruhte, den Aufbau einer erweiterten, konstitutionellen Solidarität. Diese mag subsidiär im Rahmen einer öffentlichen Selbstverwaltung zu organisieren sein, ist aber dennoch auf eine sozialstaatliche Garantie angewiesen, die durch Steuereinnahmen finanziert wird. Der Staat hat die Wirtschaft mit Hilfe einer variablen Geld- und Finanzpolitik zu stabilisieren und die Primärverteilung zu korrigieren. Die Übernahme der ersten Aufgabe wird derzeit durch die rigorose Interpretation der Konvergenzkriterien des Maastricht-Vertrags vereitelt, die ausschließlich auf eine monetäre und fiskalische Dimension verkürzt sind. Die Übernahme der zweiten Aufgabe wird dem Staat dadurch verwehrt, dass die wirtschaftlichen Eliten darauf drängen, den Arbeitsmarkt zu entregeln, die Verhandlungsposition der Gewerkschaften zu schwächen und Flächentarifverträge zu unterlaufen, die zu einer eher ausgewogenen Einkommens- und Vermögensverteilung beigetragen haben. Das Engagement privater Unternehmen als „Corporate Citizenship" ist keine Einbahnstraße in Richtung Zivilgesellschaft. Auf Grund der zivilgesellschaftlichen und demokratischen Rückkopplungen ist dieses Engagement nicht ohne eine freundliche Kooperation mit dem Staat vertretbar. In ihr verkörpert sich der Respekt vor dem menschlichen Faktor, der Bestandteil des Unternehmens ist und Mitglied einer demokratischen Gesellschaft.

9. Wir das Volk

„Weg mit Hartz IV. Wir sind das Volk“ – „Bis 1989 nahm man uns die Freiheit, jetzt die Menschenwürde“. Auf den Plakaten, die auf Demonstrationen in Magdeburg und Leipzig hoch gehalten wurden, stehen keine analytischen Sätze. Das Volk ist kein politisch operationaler Begriff. Die Verweise auf die Montagsdemonstrationen des Jahres 1989, die das Ende der Kommandowirtschaft und des von einer Partei besetzten Staates auslösten, sind symbolische Rhetorik. Aber sie entsprechen dem geschichtlichen Bewusstsein, dass die friedliche Revolution, die auf Freiheit und wirtschaftlichen Wohlstand zielte, mit dem Ruf: „Wir sind ein Volk“, mit der Einführung der D-Mark und mit dem Beitritt zum Grundgesetz abgeschlossen schien. Und sie entsprechen der aktuellen Erfahrung, dass mit der Anerkennung bürgerlicher Freiheitsrechte die wirtschaftlichen, sozialen und kulturellen Anspruchsrechte des sozialen Rechtsstaats noch nicht für alle eingelöst sind.

Der in den ersten Monaten des Jahres 2004 in weiten Teilen der Bevölkerung diffus aufgestaute Unwille über Rentenkürzungen und Einkommenseinbußen, über die Streichung von Gesundheitsleistungen, den Anstieg der Arbeitslosigkeit und die aufgenötigte Verlängerung der Arbeitszeit hat sich in öffentlicher Wut und kollektivem Zorn entladen. Der Protest richtet sich gegen die Parteien der rot-grünen Koalition, insbesondere gegen die SPD, aber auch gegen die Parteien der Opposition, die den Details der Zusammenlegung von Arbeitslosenhilfe und Sozialhilfe zugestimmt haben.

Initiatoren und Träger des Protests, der in den neuen Bundesländern ausbrach und abgeschwächt auf westdeutsche

Städte übergriff, waren in Magdeburg und Leipzig nicht Gewerkschaften oder Parteien, sondern Einzelpersonen, die von Hartz IV betroffen waren.

Im Westen dagegen hatten die Wahlalternative „Arbeit und soziale Gerechtigkeit“, lokale Arbeitsloseninitiativen und Sozialforen, regionale gewerkschaftliche Gliederungen und die kritische Globalisierungsbewegung Attac zum Protest aufgerufen. Im Osten haben sich weder Rentner in auffälliger Zahl an den Protesten beteiligt noch junge Leute, von denen viele bereits in die westdeutschen Ballungszentren abgewandert sind. Es war die Altersgruppe mit dem relativ höchsten Arbeitsmarktrisiko, Leute von 45 Jahren und mehr, die qualifiziert sind und Arbeit suchen, für die jedoch keine Arbeitsplätze vorhanden sind. In den neuen Ländern leben etwa zwei Drittel der deutschen Personen und Haushalte, die von Hartz IV betroffen sind. Sie fordern zu Recht Arbeit an Stelle von Sozialleistungen, die dazu noch gekürzt werden.

Rätselhaft war die Reaktion der politischen Entscheidungsträger und Medien auf die anschwellenden Proteste. Alle zeigten Verständnis für die Ängste der Ostdeutschen, hielten die kollektiven Wutausbrüche jedoch sachlich für unbegründet. Sie wurden als stellvertretend für den allgemeinen Unmut der Menschen in den neuen Bundesländern gegen ihre Deklassierung durch den Westen gedeutet. Die Bevölkerung sei nicht oder nicht hinreichend informiert. Die Politiker hätten übersehen, die Leute frühzeitig aufzuklären. Die Gesetze seien zu erklären, nicht zu verändern. Sie seien zwar unter Zeitdruck zustande gekommen, aber ihre Wirkungen ließen sich im Einzelfall entschärfen oder abfedern. Die Protestierenden seien eine destruktive Minderheit und überhaupt nicht repräsentativ für die Bevölkerung der neuen Bundesländer. Viele ehemalige DDR-Bürger hätten eine rein instrumentelle Beziehung zur Freiheit, die am persönlichen Wohlergehen orientiert sei. Zum Staat hätten sie ein parasitäres Verhältnis; sie hätten sich daran gewöhnt, die komfortablen Sozialleistungen abzugreifen. Die PDS schlage aus dem Protest politisches Kapital, indem sie demagogisch und populistisch die Nöte verarmter Menschen aufgreife, sie für unsinnige Forderungen instrumentalisiere, eine rückwärts gewandte Epoche verkläre und sich als wirtschaftlicher Wunderheiler anbiete. Regierungsmitglieder fanden den Bezug zu den Montagsdemonstrationen von 1989 geschmacklos, eine Beleidigung für die damals Engagierten.

Im Gegensatz zu solchen vorschnellen, wenngleich eingeübten Deutungsmustern sollten nicht nur die Protestierenden, sondern der inhaltliche Protest im Osten und Westen ernst genommen werden. Die unmittelbar oder mittelbar, mit zeitlicher Verzögerung von Hartz IV Betroffenen sehen nüchtern, dass durch die sozialen Einschnitte ihre Chance, eine Erwerbsarbeit zu finden, nicht steigt. Dafür steigt das schon bald absehbare Risiko, in eine Abwärtsspirale der Verarmung zu gleiten. Die Regierung und die Arbeitsagentur propagieren das Fordern, sind jedoch nicht in der Lage, wirksam zu fördern. Die naheliegende Deutung eines Ost-West-Konflikts bleibt vordergründig, wenn das inhaltliche Anliegen fehlender Arbeitsplätze und der bedrohlichen Arbeitslosigkeit übertüncht wird. Hinter dem Erklärungsdefizit steht ein Begründungsdefizit. Die Fehldeutung, dass Arbeitslose nicht qualifiziert oder nicht arbeitswillig seien, prallt an der Biographie der Ostdeutschen schneller ab als an der vieler Westdeutscher. Wenn sie nun um ein weiteres Brandmal des Ostdeutschen ergänzt wird, können die Betroffenen auf den kollektiven Leidensdruck verweisen, der strukturell verursacht und ihnen persönlich nicht anzulasten ist. Folglich äußern sie ihre Empörung solidarisch. Zweifellos ist die einigungsbedingte Arbeitslosigkeit in den neuen Bundesländern erheblich höher als in Westdeutschland, wenngleich in einigen Städten des Ruhrgebiets „ostdeutsche“ Verhältnisse herrschen. Der emotional und moralisch aufgeladene Protest in ost- und westdeutschen Städten ist legal und legitim. Diese Vermutung gilt für die Montagsdemonstrationen ebenso wie für die Gesetze, die sie provoziert haben. Deren Selbstdeutung ist Ausdruck der demokratischen Meinungsfreiheit und unterliegt weder einer obrigkeitlichen noch medialen Zensur. Wird der Protest sich zum Brennpunkt einer zivilen Bewegung gegen das Agenda-Spektakel und für soziale Reformen, die diesen Namen verdienen, bündeln lassen?

Vorbehalte gegen eine zivile Bewegung

Die Gesetze, deren Rahmen die Agenda 2010 abgesteckt hat, sind mit der Mehrheit der Abgeordneten des Bundestages, der Mitglieder des Vermittlungsausschusses und der Ländervertreter im Bundesrat beschlossen worden. Sie haben das Gewicht der Legalität. In einer funktionsfähigen Demokratie sind Mehrheitsentscheidungen der Regelfall. Sie enthalten Kompromisse. Die Volksvertreter haben das politische Für und Wider abgewogen, bevor sie ihre Entscheidung fällten, selbst wenn von der Exekutive ein übermäßiger Druck ausgeübt wurde. Für die Verabschiedung eines Gesetzes am Ende eines legalen Verfahrens gilt normalerweise die Vermutung, dass die Entscheidung richtig ist.

Die Regierung weiß von ersten statistischen Wirkungen der Agenda 2010 – zumindest im Bereich des Gesundheitswesens. Ärzte würden weniger aufgesucht, die Nachfrage nach Medikamenten sinke. Es sei nicht undenkbar, dass die Beiträge zur gesetzlichen Krankenversicherung in absehbarer Zeit gesenkt werden können.

Die Massenmedien verlieren nach den ersten, sensationell aufbereiteten Berichten über die Protestwellen das Interesse an den Demonstrationen. Die Bilder, die sie sehen, und die Berichte, die sie schreiben, wiederholen sich. Aufmerksam registrieren sie die wachsende oder abnehmende Zahl der Demonstrierenden. Nach dem überraschenden Sturm der öffentlichen Empörung, der durch die Praxisgebühr ausgelöst worden war, hat der Zwang zum schnellen Themenwechsel weitere Reizangebote hervorgebracht. Die Reihe von Skandalthemen wie die Verlängerung der wöchentlichen und jährlichen Arbeitszeiten, die Klage über die überhöhte Zahl der Feiertage in Deutschland, die instinktlos angehobenen Gehälter der Spitzenmanager, während die Betriebsräte zum Lohnverzicht der Belegschaft gezwungen werden, der gesetzliche Mindestlohn, der Zahnersatz und die Bürgerversicherung lässt sich beliebig fortsetzen.

Was in Magdeburg und Leipzig möglich wurde, nämlich kollektive Gegenöffentlichkeit und Gegenmacht zu formieren, die politischen Druck ausüben kann, ist in Westdeutschland bisher nicht zustande gekommen. Die Individualisierung gesellschaftlicher Risiken hat den Willen der beschädigten Personen und Personengruppen gelähmt, sich gemeinsam zu wehren. Das Meinungsklima, durch das die Ursache der Arbeitslosigkeit in das Versagen oder Fehlverhalten des Arbeitslosen verlegt wird, und die Maßnahmen der Arbeitsagentur, die auf den Einzelfall bezogen sind, bestimmen am Ende die Selbstdeutung der Opfer, die sich zu Tätern der Lebenskrise stempeln.

Welche Verbündete können die Protestierenden am gesellschaftlichen Rand mobilisieren, um sich gegen die informelle große Koalition der Politik, gegen eine Mehrheit aus Sachverständigen, Wirtschaftswissenschaftlern, Unternehmern, Managern in Großbanken und Versicherungskonzernen sowie Arbeitgebern zu behaupten? Die für die Agenda 2010 politisch Verantwortlichen sind davon überzeugt, dass man zwischen guten und verdächtigen Arbeitslosen und Sozialhilfeempfängern unterscheiden müsse, und dass die letzteren durch Leistungskürzungen zu disziplinieren und zur Aufnahme von regulären Arbeiten zu nötigen seien. Nicht nur die politischen und wirtschaftlichen Eliten, sondern zwei Drittel der Bevölkerung sind der Meinung, dass die Arbeitslosen und Sozialhilfeempfänger mehrheitlich zwar arbeitsfähig, aber nicht arbeitswillig seien. Diese Überzeugung reicht weit in das Milieu der Facharbeiter hinein, denen ein unbefristetes Arbeitsverhältnis und ein stabiles Einkommen sicher sind.

Das ökonomische und insbesondere monetäre Wissen, das in den Schulen vermittelt wird, ist unzureichend und einseitig. Die Bürgerkonvente, Werbeagenturen und Bürgerinitiativen, darunter die Initiative Neue Soziale Marktwirtschaft verfügen für ihre Propaganda über erhebliche Finanzmittel, die Arbeitgeberverbände der Metall- und Elektroindustrie oder Großbanken und Industriekonzerne ihnen zufließen lassen.

Jugendliche, denen das Bildungssystem relativ anspruchsvolle Kompetenzen vermittelt, sind zwar zu spontan aufflackernden Protesten über ihre miserable Lage in der Schule und Hochschule bereit, indem sie beispielsweise den Stundenausfall und den Lehrermangel beklagen. Aber sobald sie spüren, dass sie nach wiederholten Versuchen den Einstieg in das Beschäftigungssystem verpassen, verbeißen die einen sich in einen Hürdenlauf des beruflichen und finanziellen Aufstiegs, die anderen resignieren und lassen sich in eine depressive oder zynische Dauerstimmung treiben.

Die Regierung ist relativ schnell zum Nachbessern der Agenda 2010 bereit, sobald sich bedrohliche Reibungsflächen auftun. Dies konnte man bei der Korrektur der Widersprüche, Fehler und unzumutbaren Härten der Modernisierung des Gesundheitswesens beobachten, bei der Forderung der ostdeutschen Ministerpräsidenten, die Arbeitsmarktförderung der Situation in den neuen Ländern anzupassen, bei der Zahlungslücke des Arbeitslosengelds, beim Kinderfreibetrag sowie bei der Zusage, den Einzelfall derjenigen älteren Arbeitslosen zu prüfen, die dem Arbeitsamt in einer Vereinbarung zugesichert hatten, sich nicht mehr arbeitslos zu melden.

Die rot-grüne Koalition rechnet damit, dass der zivile Protest erlahmt, sobald die Konjunktur anzieht und die wirtschaftliche Stagnation sich in ein dynamisches Wachstum verwandelt. Dann wird sie die wirtschaftliche Belebung der Agenda 2010 zuschreiben und behaupten, dass die Reformen nun endlich greifen. Die gedankliche Verbindung von Agenda 2010 und konjunktureller Belebung ist vom Bundeskanzler bereits erprobt worden. Sie entspricht jener Logik, die zwei gleichzeitig auftretende Ereignisse, nämlich das Ankommen der Störche im Mai oder Juni und die überdurchschnittliche Häufigkeit der Geburten in diesen Monaten so verknüpft, dass der Klapperstorch die Babys bringt. Ob es genug aufgeklärte Menschen geben wird, die diese Behauptung als logischen Fehlschluss entlarven?

Gründe einer zivilen Bewegung

„Zivile Bewegung" scheint ein großes Wort zu sein, um der politischen Organisation des öffentlichen und wirksamen Protests einen angemessenen Namen zu geben. Zivile Bewegungen sind im Unterschied zur Wahl, Parteienmitgliedschaft und Anrufung der Gerichte eine Ausdrucksform direkter demokratischer Beteiligung – neben Unterschriftenaktionen, Volksbegehren, Demonstrationen sowie zeitlich und inhaltlich punktuellen Massenprotesten. Die zivile Bewegung, an die gedacht ist, richtet sich konkret gegen die sozialen Einschnitte im Kontext der Agenda 2010 bei der gesetzlichen Rente, bei der gesetzlichen Krankenversicherung und insbesondere bei den arbeitsmarktpolitischen Maßnahmen, die an das Wort Hartz IV geknüpft sind. Sie ist mittelfristig darauf ausgerichtet, die kaum mehr unterscheidbaren Profile der im Bundestag vertretenen Parteien zu schärfen und das verfestigt wirkende parlamentarische System zu verflüssigen. Sie hat das längerfristige Ziel, Perspektiven einer anderen Wirtschafts- und Sozialpolitik für die Zeit nach Hartz IV und nach der Agenda 2010 zu entwerfen, damit diese in der Bevölkerung akzeptiert und im Parlament mehrheitsfähig wird.

Der Bundeskanzler hat wiederholt mit den Worten von Frau Thatcher erklärt, dass es zur Agenda keine Alternative gebe. Auf die Kritik und die flächendeckenden Proteste gab er zur Antwort, er selbst könne keine andere Politik, für Korrekturen bestehe kein Handlungsbedarf. Keine politische Alternative dazu, einseitig Arbeitslosen, Armen, Kranken und im Ruhestand Lebenden harte, teilweise unzumutbare Lasten aufzubürden? Ohne Gewähr, dass diese Maßnahmen mit Wachstums- und Beschäftigungserfolgen gekrönt sind? Keine Alternative zu den beispiellosen Einschnitten in die solidarischen Sicherungssysteme gegen die Risiken der Arbeitslosigkeit, Krankheit und Altersarmut? Nun ist ein alternativloses, gleichsam zwanghaftes oder naturgesetzlich vorbestimmtes Verhalten keine politische Entscheidung. Sie wäre auch die Selbstaufgabe der Politik. Tatsächlich gab es ja regelmäßige Nachbesserungen, Reparaturen und Ergänzungen.

Die Bundestagsfraktion und die Partei der SPD haben sich mehrheitlich von der „aufgeklärten sozialen Marktwirtschaft", wie Karl Schiller den Inbegriff sozialdemokratischer Wirtschaftspolitik definiert hat, verabschiedet, nämlich der Verbindung des Freiburger Imperativs mit der Keynesianischen Botschaft. Einmütig werben der Kanzler und in der Folge die Partei, nachdem die Besetzung der neuen, solidarischen Mitte misslungen ist, um das Wohlwollen der Wirtschaftseliten. Von denen werden sie dazu angetrieben, die scheibchenweise inszenierte Deformation des Sozialstaats unter Helmut Kohl mit rot-grünem Vorzeichen fortzusetzen. Nun scheint die Gefolgschaft, die der Kanzler zum Erhalt der parlamentarischen Mehrheit einfordert, die Partei zu ruinieren. Ist der Preis etwa zu hoch? Diese Frage hat das Magazin Spiegel für den Kanzler beantwortet, noch bevor die Montagsdemonstrationen begannen, indem es ihn mit einem antiken Helden und dessen Tragik verglich. Selbst im Fall eines weiteren Absinkens der Partei in der Wählergunst bleibe der international anerkannte Friedenskanzler eine herausragende Figur der deutschen Geschichte: Das Wohl Deutschlands im Blick habe er den Sozialstaat gerettet, indem er ihn auf ein angemessenes Maß zurechtstutzte.

Zwischen denen, die über die Agenda 2010 entschieden haben, und denen, die davon betroffen sind, klafft eine Wahrnehmungsdifferenz. Die Situationsdeutung der politischen Entscheidungsträger lautete, dass die Einschnitte der Agenda sozial gerecht sind und nach einiger Zeit die beabsichtigte Wirkung entfalten. Diese Deutung wurde von den Betroffenen und einem erheblichen Teil der Bevölkerung nicht übernommen. Daraus folgerten die Regierenden, dass ein Vermittlungsproblem vorliege, dass durch eine verstärkte Aufklärungsarbeit behoben werden könne. Es liegt jedoch kein Vermittlungsproblem, sondern ein Wahrnehmungsproblem vor. Die Lebenswelten derer, die entschieden haben, sind offenbar strikt getrennt von den Lebensverhältnissen derer, die nun staatlich diszipliniert und in den Arbeitsmarkt wieder eingegliedert werden sollen. Als Wolfgang Clement erläutern wollte, wie hoch das Schonvermögen eines Langzeitarbeitslosen sein wird, der Arbeitslosengeld II bezieht, wählte er als Beispiel seine eigene eventuelle (!) Arbeitslosigkeit. Er errechnete für das Ehepaar Clement einen Betrag von 92 000 Euro. Nun beträgt das Schonvermögen eines 40-Jährigen allein stehenden Langzeitarbeitslosen allerdings nur 16 750 Euro. Die Leidens- und Lebenserfahrungen, über die langzeitarbeitslose Informatiker oder allein erziehende Frauen verfügen, beschreiben und erklären den prekären Wohlstand der Bevölkerung anders, als es die medialen Zitate der Bild- und Hörwelten tun. Betriebsräte, gewerkschaftliche Vertrauensleute und Mitarbeiterinnen der Wohlfahrtsverbände sind mit diesen Lebenslagen vertraut, vermutlich nicht die Mehrheit der Parlamentarier. Nur so lässt sich das Erschrecken von Abgeordneten erklären, als sie hörten, welche konkreten Auswirkungen die Gesetze, denen sie zugestimmt haben, etwa in Alten- und Pflegeheimen haben. Die Beobachtungen in Bodennähe sind eben eine unverzichtbare argumentative Ressource, die dem Schreibtischwissen von Akademikern, den mathematischen Modellen von Experten und den missionarischen Appellen von Konzernleitungen überlegen ist. Solche Erfahrungen öffentlich zu machen, ist einer der Gründe ziviler Bewegung.

Die fortwirkende Tendenz sinkender Wahlbeteiligung, die sich zum schwerwiegenden Nachteil der SPD auswirkt, ist ein Signal, wie groß die Distanz der Wahlbevölkerung zu den Parteien mit nicht unterscheidbaren Profilen ist. Ehemalige Wählerinnen und Wähler der SPD enthalten sich der Wahl, langjährige Parteimitglieder kündigen ihre Parteizugehörigkeit auf. Die Parteienverdrossenheit der Wähler rechtfertigt eine zivile Bewegung.

Die Macht einer zivilen Bewegung

Eine zivile Bewegung strebt nicht nach exekutiver politischer Macht. Sie hat die Absicht, kommunikative Gegenmacht gesellschaftlicher Öffentlichkeit jenseits der Parteigrenzen und außerhalb des Parlaments zu gewinnen. Günstige Bedingungen dafür sind eine brisante parlamentarische Gemengelage, der Wille zum aufrechten Gang und eine zivile Öffentlichkeit, die kollektive Akteure hervorbringt und die Fantasie einer anderen Politik, die möglich ist.

Parlamentarische Gemengelage

Das parlamentarische Verfahren und die Verabschiedung der Agenda 2010 waren in eine parteipolitisch brisante Gemengelage eingebettet. Die politische Klasse, eine informelle große Koalition, die von der rot-grünen Regierung und dem „bürgerlichen Lager" gebildet wurde, hat einvernehmlich schwerwiegende Einschnitte in die sozialen Sicherungssysteme verabschiedet. In der Phase der parlamentarischen Vermittlung und der Durchsetzung gegen die Interessen derer, die in Armutslagen und in prekärem Wohlstand leben, haben sich die Profile der parlamentarischen Fraktionen und der Parteien verwechselbar angenähert. Diese Gemengelage hat sich bisher gegen die SPD ausgewirkt. Die Folgen der Agenda 2010 haben das Ansehen der SPD bei den Wählern rapide und beängstigend sinken lassen. Ob das öffentliche Meinungsklima zugunsten der Partei des Kanzlers umschlägt, wenn Standfestigkeit und Heroismus gezeigt werden und zudem eine wirtschaftliche Belebung eintritt, die sich die Autoren der Agenda zurechnen lassen, bleibt ungewiss. Wenn jedoch die wirtschaftliche Belebung ausbleibt, weil die sich häufenden Sparmaßnahmen und Einkommenseinbußen wie eine Dominokette wirken? Sollte und könnte die SPD als Regierungspartei einen programmatischen und personellen Richtungswechsel vollziehen? Welche Chancen hätte eine SPD ohne Gerhard Schröder, mehrheits- und regierungsfähig zu sein?

„Die SPD ist eine Programmpartei. Sie muss nicht Regierungspartei sein, sondern kann auch aus der Opposition heraus Politik gestalten." Folgt aus dieser Aussage eines renommierten SPD-Politikers, dass das rot-grüne Projekt noch vor 2006 aufgegeben wird? Wäre das für die CDU/CSU eine Chance, die pauschale Gesundheitsprämie mit einem erheblichen steuerlichen Umverteilungsbedarf, die Einfachsteuer mit drei Tarifen und einer negativen Einkommensteuer sowie die drastische Verlängerung der wöchentlichen Arbeitszeit einschließlich der Streichung von Feiertagen zum Regierungsprogramm zu erheben? Soll sie rigoros die Marktsteuerung und Privatisierung öffentlicher Güter vorantreiben, den Arbeitsmarkt entregeln und die Tarifautonomie beschneiden? Die Führungskräfte der wirtschaftlich liberalen und gesellschaftlich konservativen Parteienkonstellation wissen inzwischen, dass eine radikale Aufkündigung der solidarischen Sicherungssysteme, die derzeit in Parteikreisen kursiert, die Gewinnchancen bei der nächsten Bundestagswahl eintrübt. Die SPD könnte sich dann leicht als das kleinere Übel präsentieren und Anhänger selbst in kritischen Gewerkschaftskreisen mobilisieren. Infolgedessen liegt es nahe, dass die Führung der CDU/CSU sich entschließt, die radikalen Parolen zu entschärfen, die christlich-sozialen Gruppen hervorzuholen und zur Wahl einen Katalog vorzulegen, der dem der SPD zum Verwechseln ähnelt. Die Turbulenzen um die Agenda 2010 in den neuen Bundesländern zeigen die Bereitschaft zum Kompromiss, zum Entschärfen und Glätten bereits an.

Damit bliebe es bei der brisanten Gemengelage im Parlament und im derzeitigen parteipolitischen Spektrum, die zum einen Teil von den Wählern und Wählerinnen herbeigeführt, zum andern Teil von den Parteien selbst verfestigt worden ist. In dieser Situation wächst die Absicht, eine neue parteipolitische Formation links von der SPD zu gründen. Sie wird aus zwei Quellen gespeist: aus der starken Entfremdung, die zwischen einem Teil der Gewerkschaftsmitglieder und der SPD eingetreten ist, und aus der Übernahme marktradikal wirtschaftsliberaler Überzeugungen durch die SPD-geführte Regierung sowie deren Abgleiten nach rechts von der Mitte. Die Meinungsumfragen, die einer solchen Initiative derzeit realistische Chancen einräumen, in den Bundestag einzuziehen, wirken bei allen Parteien überraschend. Bei der SPD und bei einem Teil der Gewerkschaften lösen sie politische Unruhe, Ratlosigkeit und wechselseitige Vorwürfe aus. Die Idee einer angeblich authentischen Linkspartei stößt bei denen auf Unverständnis, die meinen, dass es eine Partei links von der SPD längst gebe, nämlich die PDS. Nun trifft diese Partei auf Vorbehalte und einen überdehnten Abgrenzungswillen der Parteipolitiker und Bevölkerungsgruppen mehr im Westen als in den neuen Bundesländern. Manche hegen die Erwartung, dass die PDS in den neuen Ländern und die von der SPD unterscheidbare Partei in Westdeutschland zwei Flügel einer Formation bilden, die parteipolitisch die bedrohliche Trennung der ostdeutschen und westdeutschen Lebensmilieus integriert und zusammen mit der SPD und den Bündnisgrünen eine regierungsfähige Koalitionsmehrheit links von der Mitte zustande bringt. Den Gewerkschaften würde es leichter fallen, die verhängnisvolle Fixierung auf eine einzige Partei aufzugeben. Aber taugt eine solche Formation für ein Wahlbündnis oder für eine Koalition mit der SPD, die dem politischen Druck des bürgerlichen Lagers ausgesetzt ist, sich eindeutig und klar gegenüber allen Parteien und Bewegungen abzugrenzen, die an ihrem linken Rand entstehen? Ist mit der Gründung einer Linkspartei die weitere Zersplitterung einer Mehrheit links von der Mitte und damit der Verlust der Regierungsfähigkeit besiegelt? Findet eine Linkspartei, die aus dem Frust von Gewerkschafts- und SPD-Mitgliedern hervorgegangen ist, zugkräftige Persönlichkeiten, die ihr eine eindeutige Identität vermitteln?

Aufrechter Gang

Eine zivile Bewegung entsteht nicht, solange ein Klima der lautlosen Anpassung an undurchsichtige Systemzwänge, der gedankenlosen Hinnahme des als unvermeidlich Verkündeten und lähmender Resignation, die sich in alle gesellschaftlichen Beziehungen hineinfrisst, herrscht.

„Geht einkaufen, nicht wählen“, mit diesem Appell reagierte Noreena Hertz, Dozentin an der Cambridge Universität und Beraterin internationaler Unternehmen vor drei Jahren auf den „Ausverkauf der Politik“. Sie meint, dass die Politiker nicht die Interessen der Bürger vertreten, sondern die der Unternehmen. Wegen der „schleichenden Übernahme“ der Politik durch die Wirtschaft wenden sich die Menschen von den Politikern ab und boykottieren die Wahlen. Da die gewählten Politiker ihre Interessen nicht wahrnehmen, verlangen sie dies von den Unternehmen. Sie entdecken, dass die Unternehmen ihren Anliegen entgegen kommen. Und sie spüren, dass sie tatsächlich Macht über Unternehmen ausüben, wenn sie sich mit andern Konsumenten zusammentun. Hertz berichtet von einer Kampagne der Bewohner einer Siedlung in den USA, die gegen das Aufstellen überdimensionierter Plakatwände erfolgreich protestiert hatten, weil sie dies als eine visuelle Umweltverschmutzung empfanden. Sie erinnert an den Shell-Tankstellenboykott der deutschen Autofahrer im Jahr 1995, der an einem Tag den Absatz des Konzerns um 50 Prozent absenkte. Sie beschreibt, wie US-amerikanische Verbraucher die Kinderarbeit bei der Herstellung von Sportkleidung und Textilien in ausländischen Filialen von Wal-Mart, Nike und Disney öffentlich skandalisiert haben. Offensichtlich wächst die Zahl derer, die bereit sind, erhöhte Preise für fair gehandelten Kaffee und kinderarbeitsfreie Fußbälle zu zahlen. Sie boykottieren Unternehmen, die Waffen herstellen und damit handeln. Früher wurde der politische Wille an der Wahlurne kundgetan. Heute stimmt die Bevölkerung mit ihren Kaufentscheidungen ab. Vergleichbar sind die Wortmeldungen aufgeklärter Aktionäre auf den Hauptversammlungen, sowie die Anlageentscheidungen von Aktionären, die ganz bewusst ethischen und politischen Kriterien folgen. Es stimmt: Unverschämte Managergehälter lassen sich nicht im Gerichtssaal, sondern in der Hauptversammlung kontrollieren.

Sozialökologisch verantwortliches Kaufen und politisches Engagement sind zwei Seiten einer Münze. Die Kundin einer Lebensmittelkette in der Pfalz beweist erhebliche Zivilcourage, wenn sie die Leiterin eines Supermarkts sowohl nach fair gehandeltem Kaffee als auch nach den Arbeitsbedingungen im Geschäft fragt, ob der Arbeitgeber die Gründung eines Betriebsrats zulasse. Den Verbrauchern, die gewerkschaftlich organisiert sind oder umweltbewusst leben, dürfte es nicht gleichgültig sein, unter welchen Bedingungen ihre Kolleginnen und Kollegen in den Firmen arbeiten, bei denen sie einkaufen. Es ist konsequent, wenn die Kunden und Verbraucher dazu übergehen, ihre sozialen und arbeitspolitischen Interessen selbst in die Hand zu nehmen und gegenüber den Anbietern zu vertreten. Als Mitglieder einer zivilen Bewegung können sie von den Unternehmern, die sich gern als zivilgesellschaftliche Akteure darstellen, zu Recht verlangen, dass sie ihre Fürsorgepflicht für die abhängig Beschäftigten sowie das geltende Wirtschafts- und Arbeitsrecht respektieren.

Wie drückt sich politische Zivilcourage von Personen und Personengruppen aus?

Die Wählerinnen und Wähler eines Wahlkreises sollten die Abgeordneten des Bundestags zur Rede stellen und Rechenschaft von ihnen fordern, die Agenda 2010 zu erklären und vor allem die inhaltlichen, nicht bloß die taktischen Gründe zu nennen, die sie dazu veranlasst haben, den Gesetzen zuzustimmen. Sie sollten sie mit den Erfahrungen und der Lebenslage von Arbeitslosen konfrontieren, die ihnen vertraut sind. Sie sollten deren Lebenssituation mit derjenigen der selektiv ausgewählten Musterhaushalte vergleichen, die vom Bundespresseamt verschickt werden. Die Abgeordneten sollten auf den Widerspruch hingewiesen werden, der zwischen ihrer vorgestellten medienbasierten Welt und dem Alltag derer liegt, die von den Kürzungen der Sozialleistungen betroffen sind. Die zur Angabe der Einkommens- und Vermögensverhältnisse verpflichtet sind, sollten sich eine angemessene Zeit für die Prüfung nehmen. Sie sollten sich von fachkundigen Rechtsanwälten oder von Initiativen, die auf die Mitarbeit kompetenter Fachleute zurückgreifen können, beraten lassen. Sie sollten auch die Möglichkeiten des rechtlichen Einspruchs, der Beschwerde, des Widerspruchs und der Klage im Blick behalten, die seit einiger Zeit von Sozial- oder Verfassungsrichtern als zulässig und mit Aussicht auf Erfolg erläutert worden sind. Vor allem sollten sie sich nicht einreden, dass sie für die Managementfehler, die hektische Vorbereitung und das Versagen der Politiker in der Vergangenheit persönlich gerade stehen müssten. Mit aufrechter Haltung sollten sie den Angestellten und Beamten der Arbeitsagentur begegnen. Wer verpflichtet ist, Forderungen zu akzeptieren, hat umgekehrt das Recht, die Förderung einzuklagen. Zivilcourage und aufrechten Gang sollten auch die einfachen Mitarbeiterinnen und Mitarbeiter der Arbeits- und Kommunalverwaltung einüben. Sie haben das Recht, die Folgen politischer Fahrlässigkeit sowie mangelnder Sensibilität und fehlerhafter Entscheidungen ihrer Führungskräfte nicht auf sich sitzen zu lassen. Sie können nach Gesetz und Anweisung ihren Dienst tun, widersinnige Aufträge unterlaufen und sich nicht den schwarzen Peter zuschieben lassen, die weiterhin hohe Arbeitslosigkeit sei bloß ein Vermittlungsproblem und gehe auf das Konto der Vermittler. Die Mitarbeiterinnen und Mitarbeitern des Öffentlichen Dienstes stehen unter einem Diktat zusätzlicher Arbeitsverdichtung und Mehrarbeit ohne Lohnausgleich. Das Recht der im Gesundheitswesen Angestellten auf faire, zum Teil gesetzlich festgelegte Arbeitszeiten ist weithin eine Worthülse geblieben. Auf Lehrern und Lehrerinnen lastet ein ähnlicher dienstrechtlicher und moralischer Druck. Der Aufbau einer Gegenmacht, die Veränderungen erstreitet, scheitert meist an der moralischen Falle, in die sie selbst hineinstolpern, solange sie meinen, das Durchstehen innerbetrieblicher Konflikte gehe auf Kosten der Kunden, Schüler oder Patienten, die man nicht sich selbst überlassen, oder der Kolleginnen und Kollegen, denen man die liegen gebliebenen Arbeiten nicht aufladen könne. Ein Ausweg aus solchen individualistischen Fallen ist der Anschluss an eine zivile Bewegung, die sich für gerechte und humane Arbeitsbedingungen sowie für die Kultivierung und Veredelung des Arbeitsvermögens engagiert.

Die Brisanz der derzeitigen parlamentarischen Gemengelage ist so charakterisiert worden, dass die Bruchlinien und Risse, von denen die Gesellschaft des vereinigten Deutschland gezeichnet ist, in der politischen Klasse nicht abgebildet sind. Jene Achse der Wohlstandsschwelle, die Personen und Haushalte, die in Armut und prekärem Wohlstand leben, von denen trennt, die mehr oder weniger wohlhabend sind, weil sie über ein unbefristetes Arbeitsverhältnis und ein gesichertes Einkommen verfügen, wird in der Zusammensetzung des Parlaments nicht gespiegelt. Darin liegen die Chance und die Rechtfertigung einer zivilen Bewegung, im außerparlamentarischen, den Parteien vorgelagerten öffentlichen Raum der Gesellschaft kommunikative Gegenmacht aufzubauen. Bedrohliche wirtschaftliche und soziale Strömungen entladen sich, sobald sie von Teilen der Bevölkerung als strukturelle Leiden empfunden werden, vorläufig in öffentlichen Protesten und verfestigen sich in einer zivilen Bewegung. Diese ist häufig die Quelle parlamentarischer Reformen und mündet auch in Veränderungen, die politische Parteien dramatisch erfassen. Aber in der unmittelbaren Entstehungsphase einer zivilen Bewegung stellt sich die Frage der Gründung einer zusätzlichen Partei, die schnell vom parlamentarischen System absorbiert würde, nicht.

Der Aufbau einer kommunikativen Gegenmacht gesellschaftlicher Öffentlichkeit ist ein langfristiger Prozess. Die zivile Bewegung hat begonnen mit dem Engagement von Betroffenen, die einem strukturell verursachten kollektiven Leidensdruck eine Stimme verliehen haben. Er ist dabei, sich lokal und regional zu sammeln. Derzeit ist das Bemühen erkennbar, die regional gestreuten Initiativen zu koordinieren, zu bündeln und räumlich zu konzentrieren. Mit der organisatorischen Verdichtung steigt der Bedarf an thematischer Profilierung. Eine sozioökonomisch kritische Analyse der deutschen Wirtschaftsgesellschaft bedient den Ruf nach Aufklärung über regionale und globale Zusammenhänge. Sie beschränkt sich nicht auf mögliche Erklärungen der inszenierten Politik, sondern prüft deren Begründung, ob sie stichhaltig ist. Das Bemühen um die Perspektive einer anderen Politik, die möglich ist, grenzt sich scharf von der pragmatisch ausgerichteten politischen Arbeit in parlamentarischen Fraktionen und Parteien ab, die in Kompromisse über Verfahrensfragen mündet. Die zivile Bewegung beruft sich auf Max Webers Unterscheidung des Politischen, „dass man das Mögliche nicht erreichte, wenn nicht immer wieder in der Welt nach dem Unmöglichen gegriffen worden wäre". Die zivile Bewegung weiß sich dem Griff nach der politischen Perspektive verpflichtet. Sie sucht in der gesellschaftlichen Öffentlichkeit die Bausteine jener notwendigen Reformen zusammen zu tragen, die gewährleisten, dass Spaltung und gesellschaftlicher Ausschluss nicht um sich greifen, dass vielmehr eine demokratische Solidarität wächst.

Wer sind die kollektiven Akteure der kommunikativen Macht der zivilen Bewegung? Die Montagsdemonstrationen in Magdeburg und Leipzig sind von einzelnen Personen angestoßen und in eine hochmotivierte Bewegung der Solidarität mutiert. Arbeitsloseninitiativen und Vertreter von Beschäftigungsinitiativen sind dazugestoßen. In westdeutschen Städten gingen erste Anstöße von der Wahlalternative: „Arbeit und soziale Gerechtigkeit" aus. Mitglieder von Einzelgewerkschaften haben sich angeschlossen, regionale Gewerkschaftsleitungen beteiligten sich an den Aufrufen und an der Organisation der öffentlichen Veranstaltungen. Initiatoren regionaler Sozialforen und Gewerkschaftsvertreter stellten Datenmaterial und Informationen zur Verfügung und übernahmen einen Teil der Aufklärungsarbeit. Dass Arbeitslose sich solidarisieren und dabei die Infrastruktur der Arbeitsloseninitiativen in Anspruch nehmen, zeigt die neue Qualität, die aus den neuen Bundesländern in westdeutsche Städte gelangt ist.

Die Gewerkschaften verhalten sich ambivalent. Sie beteiligen sich an den Protesten, während die Noch-Allianz mit der rot-grünen Koalition einen Spagat erzwingt, der sie davon abhält, sich zur Avantgarde einer anderen Politik zu machen. Sie hätten gute Gründe, sich aus den parteipolitischen, parlamentarischen Konflikten zu lösen und sich als gewichtiger Teil einer zivilen Bewegung für mehr Arbeit und solidarische Sicherung im vereinigten Deutschland und im Beitrittsgebiet der EU zu begreifen. Das bedeutet eine stärkere Orientierung an der betrieblichen Arbeitswelt. Solange nämlich eine Regierung den Konzernchefs den Rücken freihält, damit diese an den Gewerkschaften vorbei im Einzelfall mit den Betriebsräten flexible Regelungen vereinbaren, kommt es darauf an, die Macht der Betriebsräte zu stärken und sie vor „ungleichen Verträgen" zu schützen. Es kommt jedoch genauso darauf an, zu verhindern, dass Kernbelegschaften gegenüber den Beschäftigten am Rand oder außerhalb des Betriebes sowie Betriebsräte im Westen gegenüber denen in den neuen Bundesländern oder in den Beitrittsländern die Solidarität aufkündigen. Die Dimension gewerkschaftlichen Engagements endet indessen nicht am Betriebstor, am Verwaltungseingang, bei der Arbeitsagentur oder der Arbeitsloseninitiative. In der zivilen gesellschaftlichen Öffentlichkeit fehlt ihre Stimme der Fantasie für wirtschaftliche und soziale Reformen, die diesen Namen verdienen.

Die globalisierungskritische Bewegung Attac erregt derzeit und weltweit die größte Aufmerksamkeit. Im Unterschied zu den etablierten Parteien, Gewerkschaften und Kirchen ist sie die einzige politische Formation, die laufend einen Zustrom neuer Mitglieder aus allen Altersgruppen meldet. Attac ist eine plurale Sammelbewegung. Sie thematisiert Lebensformen und politische Strukturen, eine Wirtschaft, die dem Leben und Arbeiten dient, die Bereitstellung öffentlicher Güter, den Einklang mit der natürlichen Umwelt, soziale Gerechtigkeit, die autonome Gleichstellung von Männern und Frauen und den Frieden. Sie ist eine Bildungsbewegung, die ökonomische, monetäre, politische und soziale Aufklärungsarbeit leistet und dieses Potential der zivilen Bewegung zur Verfügung stellt. Sie schärft den Blick für die nationale und internationale Vernetzung. Deshalb hält sie sich aus dem Parteienstreit heraus, ist nicht an eine Partei gebunden, aber offen für neue Gründungen. Sie gehört zusammen mit einzelnen Initiativen für Beschäftigung und Arbeitslose sowie ökumenisch-kirchlichen Gruppen zum Brennpunkt der zivilen Bewegung für sinnvolle Arbeit und solidarische Sicherung.

Um welche Reformperspektiven kann sich eine zivile Bewegung sammeln? Das oberste Thema ist die Beteiligung an sicheren Arbeitsverhältnissen und an Arbeitseinkommen, die einen angemessenen Wohlstand bieten. „Erst Arbeit, dann Hartz“ soll sagen, dass eine realistische Gewichtung der Finanz-, der Güter- und dann erst der Arbeitsmärkte den Vorrang öffentlicher und privater Investitionen in ein anderes Licht rückt. Solange es Bedürfnisse gibt, die nicht befriedigt, und öffentliche Aufgaben, die nicht erledigt sind, sind wirtschaftliches Wachstum und eine höhere Wertschöpfung sinnvoll. Neben die Lebensrisiken abhängiger Beschäftigung sind neue gesellschaftliche Risiken der Umweltzerstörung, der Zugehörigkeit zu einem Geschlecht, der Lage der Haushalte mit Kindern, der regionalen Ausgrenzung in einem vereinigten Volk getreten. Folglich verdienen die Leistungskataloge der solidarischen Sicherungssysteme genauso viel Aufmerksamkeit wie die erweiterte Grundlage ihrer Finanzierung. „Wohlstand für alle“ ist wie in den Zeiten Zeit Ludwig Erhards keine sozialromantische Illusion, wenn zwei Regeln gelten: Die am Rand stehen, sollen nicht den Preis dafür zahlen, dass es den Höherverdienenden besser geht. Und den Wohlhabenden darf es besser gehen, solange die Lebensqualität der Benachteiligten nicht sinkt. Bevor das Parlament und die Parteien sich am geringsten gemeinsamen Nenner dieser Perspektiven verbeißen, sollten kritische

Anfragen, normative Optionen und politische Antworten in der gesellschaftlichen Öffentlichkeit zur Sprache gebracht und präzisiert werden. Darin liegt die Chance der zivilen Bewegung.

Handlungsbedarf

Dietmar Mieth
Kleine Ethikschule
Band 5471

Ethik kollidiert mit handfesten Vorteilen. Wo liegen Kriterien, die wir anwenden können? Und wo macht es Sinn, moralisch gut zu handeln? Klärung im alltäglichen Dschungel der Entscheidungen.

Hans Joachim Meyer
Am Ende der Ichgesellschaft
Hrsg. von Jürgen Hoeren
Band 5338

Der Präsident des ZK der deutschen Katholiken bezieht Stellung: Alternativen zur Egokultur – nötiger denn je.

Christoph Butterwegge
Rechtsextremismus
Band 5229

Wie lässt sich diese Gewalt erklären? Und wie lässt sie sich bekämpfen? Das Informationsbuch zur umfassenden Orientierung.

Philipp Gessler
Der neue Antisemitismus
Band 5493

Wie normal ist Antisemitismus hierzulande? Beobachtungen, Analysen und Perspektiven: Ein brisanter Bericht aus dem Inneren unseres Landes. Spannend und provokant.

Karlheinz A. Geißler
Vom Tempo der Welt
Band 5407

Im Zeitalter des Internet hat die Uhrzeit ihre Monopolstellung als Zeitmaß verloren. Europas bekanntester Zeitforscher fragt: Wie können wir ein menschliches Zeitmaß bewahren oder neu entwickeln?

Eugen Drewermann
Wie zu leben wäre
Band 5257

Was lohnt sich wirklich? Drewermann, der große Kenner der menschlichen Seele, nimmt hier die Sehnsucht der Menschen nach Leben und Freiheit auf.

Eugen Drewermann
Krieg ist Krankheit, keine Lösung
Band 5427

Gewalt gegen „die Bösen" und für Menschenrechte? Drewermann bleibt dabei: Gerechte Ordnung entsteht nicht aus Gewalt. Krieg ist Wahnsinn – in Afghanistan, im Irak. Überall auf der Welt.

Wolfram Henn
Warum Frauen nicht schwach, Schwarze nicht dumm und Behinderte nicht arm dran sind
Band 5479

Schöner – klüger – blauäugiger? Warum wir mehr sind, als unsere Gene. Eine spannende Sicht auf die Gentechnik.

Johannes Paul II.
Gewissen der Welt
Hrsg. von Ulrich Ruh
Band 5334

Die weltweit gehörte Stimme eines großen spirituellen Führers zum Weg des Menschen ins 21. Jahrhundert.

Johannes Rau
Dialog der Kulturen – Kultur des Dialogs
Band 5332

Was hält eine Gesellschaft zusammen? Verschiedenheit achten, Gemeinsamkeiten stärken – darum geht es. Reden zu einem zentralen Zukunftsthema.